Materialismo

FUNDAÇÃO EDITORA DA UNESP

Presidente do Conselho Curador
Mário Sérgio Vasconcelos

Diretor-Presidente / Publisher
Jézio Hernani Bomfim Gutierre

Superintendente Administrativo e Financeiro
William de Souza Agostinho

Conselho Editorial Acadêmico
Divino José da Silva
Luís Antônio Francisco de Souza
Marcelo dos Santos Pereira
Patricia Porchat Pereira da Silva Knudsen
Paulo Celso Moura
Ricardo D'Elia Matheus
Sandra Aparecida Ferreira
Tatiana Noronha de Souza
Trajano Sardenberg
Valéria dos Santos Guimarães

Editores-Adjuntos
Anderson Nobara
Leandro Rodrigues

Terry Eagleton

Materialismo

Tradução
Fernando Santos

Título original: *Materialism*

© 2017 by Yale University
Originalmente publicado pela Yale University Press
© 2023 Editora Unesp

Direitos de publicação reservados à:
Fundação Editora da Unesp (FEU)
Praça da Sé, 108
01001-900 – São Paulo – SP
Tel.: (0xx11) 3242-7171
Fax: (0xx11) 3242-7172
www.editoraunesp.com.br
www.livrariaunesp.com.br
atendimento.editora@unesp.br

Dados Internacionais de Catalogação na Publicação (CIP) de acordo com ISBD
Elaborado por Odilio Hilario Moreira Junior – CRB-8/9949

E11m	Eagleton, Terry
	Materialismo / Terry Eagleton; traduzido por Fernando Santos. – São Paulo: Editora Unesp, 2023.
	Tradução de: *Materialism* Inclui bibliografia. ISBN: 978-65-5711-177-2
	1. Filosofia. 2. Materialismo. 3. Cultura contemporânea. I. Santos, Fernando. II. Título.
2023-831	CDD 100 CDU 1

Editora afiliada:

À memória de Leo Pyle

Sumário

Prefácio   9

1. Materialismos   13
2. Os texugos têm alma?   43
3. A emancipação dos sentidos   65
4. Alto-astral   97
5. O terreno acidentado   115

Referências bibliográficas   145
Índice remissivo   151

Prefácio

Este é, entre outras coisas, um livro sobre o corpo, mas não (ao menos quanto à minha auspiciosa expectativa) o tipo de corpo que atualmente está em voga nos estudos culturais e que, como um objeto de discussão, se tornou limitado, exclusivista e repetitivo às raias da monotonia. O estudo apresenta, portanto, um subtexto polêmico, na medida em que se busca examinar as modalidades da criaturalidade humana que a ortodoxia pós-moderna deixou praticamente de lado e que são, ademais, próprias a todos os corpos humanos, independentemente de, digamos, gênero e etnia. Acredito que esse universalismo despudorado vai se mostrar escandaloso o bastante para os comissários do discurso cultural contemporâneo.

Parece que, hoje em dia, os estudantes de pós-graduação do mundo todo que não estejam trabalhando com vampiros ou romances em quadrinhos estão pesquisando o corpo, mas de maneiras que excluem certas abordagens produtivas dele. Como de hábito, aqueles que cantam louvores à inclusividade são notavelmente ignorantes do quanto é deixado de fora por seu jargão preferido. Os estudos culturais estão preocupados, no geral, com o corpo étnico, generificado,

Materialismo

queer, esfomeado, construído, envelhecido, adornado, com deficiência, cibernético e biopolítico – o corpo como objeto do olhar sexual, lugar de prazer ou de dor, marcado pelo poder, pela disciplina ou pelo desejo. O corpo humano abordado neste livro, por outro lado, é de um tipo mais rudimentar. Em primeiro lugar, ele não é um constructo cultural. O que é dito dele se aplica tanto no Camboja como em Cheltenham, tanto às mulheres belgas como aos homens do Sri Lanka. Se é verdade com relação a Hillary Clinton, também o foi a respeito de Cícero. É provável que apenas os pós-modernos dogmáticos – para quem, surpreendentemente, todas as pretensões universais são opressivas, à exceção desta pretensão universal específica – se escandalizarão com tal abordagem.

Os estudos culturais produziram alguns *insights* valiosos a respeito do corpo, mas parecem ignorar a própria história política do campo, bastante deprimente nesse aspecto. Uma das principais fontes do tema é a obra de Michel Foucault, cujos escritos também representam uma crise da esquerda revolucionária após o final dos anos 1960. Foi no momento em que certas formas mais ambiciosas de política radical pareciam ter fracassado, repelidas por poderosas forças de direita, que o materialismo histórico começou a dar lugar ao materialismo cultural e o interesse pelo corpo começou a ganhar força. Se essas ideias serviram para questionar uma política esquerdista que, de tão cerebral, se mostrava demasiado distante dos sentidos, elas também contribuíram para demovê-la. Assim, como qualquer fetiche, esse corpo específico serve para preencher uma lacuna. A relação entre o corpo e a política socialista foi mantida na agenda política por algumas correntes pioneiras do feminismo; mas na década de 1980 a referência ao socialismo cedia terreno à referência à sexualidade, e uma esquerda cultural, que agora, em larga medida, mantinha um silêncio envergonhado a respeito do tema do capitalismo, se tornava cada vez mais estrondosa quanto à questão da corporalidade. Veremos mais adiante, porém, quando estivermos examinando a obra de Marx, que os dois não precisam ser considerados alternativas.

Prefácio

Agradeço aos dois leitores anônimos que fizeram comentários valiosos sobre uma versão preliminar do livro, sobretudo à sugestão radical de um deles de que eu cortasse as primeiras quarenta páginas. A meu ver, a obra ganhou muito com esse corte. Este é o sexto livro de minha autoria que Rachel Lonsdale, minha editora na Yale University Press, lança no mercado, com sua excepcional maestria e seu olhar atento às frases soltas e incoerências estruturais. Ela é a melhor das editoras, e eu lhe sou profundamente grato.

T. E.

1
Materialismos

O materialismo pode ser encontrado em diferentes formas e tamanhos, das versões mais rígidas e cabeças-duras às mais maleáveis e despojadas. Porém, dada a intimidadora amplitude do tema, para não falar de minhas próprias limitações intelectuais, só algumas dessas correntes do pensamento materialista serão objeto deste livro. Não estou interessado em determinadas questões extremamente técnicas a respeito de monismo, dualismo, eliminativismo ou do problema mente-corpo em geral, mas, sim, nas formas de materialismo que são, num sentido amplo, sociais ou políticas e a respeito das quais a maioria dos neurocientistas não tem dito nada de muito interessante.

Se você é do tipo de materialista que defende que as condições materiais determinam o ritmo das questões humanas, você pode buscar modificar essas condições na expectativa de que, assim, você consiga alterar o modo como as pessoas pensam e agem. Se o seu materialismo é do tipo determinista, aquele que considera que os homens e as mulheres são de todo condicionados pelo ambiente, esse projeto pode lhe parecer igualmente muito promissor. O problema é que, se os indivíduos são meras funções do ambiente em que estão inseridos, então isso também deve se aplicar a você: nesse caso, como você pode agir para transformar esse contexto se você mesmo é um produto dele? Apesar dessas questões desconcertantes, o materialismo tem se aliado tradicionalmente (embora não exclusivamente) ao radicalismo político. Materialistas empiristas como os pensadores do século XVIII David Hartley e Joseph Priestley defendiam que a mente era formada por impressões sensíveis; que as impressões sensíveis se originavam do ambiente de cada um; e que, se esse ambiente pudesse ser remodelado de modo a gerar os tipos "certos" de dados sensíveis, o comportamento humano poderia ser radicalmente modificado para melhor.[1] Em termos políticos, esse não foi um projeto claramente progressista. Como Marx ressaltaria mais tarde, a mudança em questão costumava estar a serviço das necessidades e dos interesses dos próprios governantes. Ele não tardou a detectar as posições políticas implícitas nessa teoria do conhecimento.

Existe uma ligação entre o radicalismo e o materialismo em parte do pensamento de esquerda da Guerra Civil Inglesa, assim como há também na obra de Baruch Espinosa e dos *philosophes* do Iluminismo francês. É um legado que chega até Marx e Engels e que surge, em nossa própria época, na obra de teóricos dissidentes como Gilles Deleuze. (Darwin, Nietzsche e Freud também são materialistas radicais, mas não pensadores da extrema esquerda.) Embora o termo "materialismo" tenha sido cunhado no século XVIII, a doutrina em si remonta à Antiguidade,[2] e um de seus primeiros expoentes, o filósofo grego Epicuro, foi o tema da tese de doutorado de Marx. Marx admirava a paixão de Epicuro pela justiça e pela liberdade, sua aversão à acumulação de riquezas, sua atitude esclarecida a respeito das mulheres e a seriedade com a qual ele abordava a natureza sensorial da humanidade – todos esses elementos eram vistos por ele como

---

1 Para o pensamento materialista no século XVIII, ver John W. Yolton, *Thinking Matter: Materialism in Eighteenth-Century Britain*.

2 Ver Raymond Williams, *Keywords: A Vocabulary of Culture and Society*.

Materialismos

vinculados a suas teorias filosóficas. Para Epicuro, como para o Iluminismo, o materialismo significava, entre outras coisas, a libertação do clericalismo e da superstição.

Para Isaac Newton e seus colegas, a matéria é uma coisa bruta e inerte (Newton a chamava de "estúpida") que, por isso mesmo, tinha de ser posta em movimento pela força externa da vontade divina. O argumento tem algo a ver com o corpo humano. Aqueles que olham para o corpo humano da forma como olham para um cadáver provavelmente sentem a necessidade de lhe agregar uma entidade fantasmagórica para que ele seja estimulado a agir. Como é grosseiro e preguiçoso, é pouco provável que ele se ative a si mesmo. Nesse sentido, mentes e almas desencarnadas são, entre outras coisas, uma tentativa de compensar a crueza do materialismo mecânico. Se assumíssemos uma visão menos mecânica da matéria, poderíamos acabar nos revelando desnecessários. Se o espírito e a natureza são esferas diferentes, então o primeiro está livre para exercer sua influência sobre a segunda. Na teoria newtoniana, forças espirituais controlam, de cima, a natureza, mais ou menos como os monarcas e os déspotas governam seus países.

Por outro lado, para a linhagem radical que descende de Espinosa, essas augustas autoridades não têm razão de ser. A própria matéria é viva – e não apenas viva, mas autodeterminante, mais ou menos como a população de um país democrático. Não é necessário postular um poder soberano que a ponha em movimento. Além disso, repudiar uma esfera de espíritos é emprestar ao mundo material uma seriedade inabalável, juntamente com o bem-estar material dos homens e das mulheres que o habitam. Essa postura não admite distrações etéreas da tarefa de pôr fim à pobreza e à injustiça. Ao mesmo tempo, também permite que se rejeite toda autoridade clerical, pois, se o espírito está por toda parte, então o clero não pode deter o monopólio dele. Nesse caso, é possível falar de uma política da matéria.

Ser materialista, nesse sentido, é investir os seres humanos de um grau de dignidade por vê-los como parte de um mundo material

Materialismo

que é idêntico ao Todo-Poderoso. Pelo menos essa era a visão do panteísta Espinosa. Materialismo e humanismo são, portanto, aliados naturais. O mesmo, porém, poderia ser dito dos humanistas mais conservadores, para quem havia um abismo intransponível entre a humanidade e o resto da natureza. Essa arrogância filosófica poderia ser aplacada pela menção à condição banal da humanidade, humildemente de acordo com o mundo material e seus companheiros animais. A humanidade não é Senhora da Criação, mas parte de sua comunidade, e nossa carne e nossos nervos são tecidos com o mesmo material das forças que agitam as ondas e amadurecem os campos de milho. Como Friedrich Engels observa em *Dialética da natureza*:

> de modo algum controlamos a natureza como um conquistador subjuga um povo estrangeiro, como alguém que se encontra fora da natureza – mas nós, de carne, osso e cérebro, pertencemos à natureza, e existimos em seu interior, e [...] todo o nosso domínio sobre ela consiste no fato de que, em relação aos demais seres, temos a vantagem de sermos capazes de conhecer e aplicar corretamente suas leis.[3]

Pouco tempo antes, Darwin tinha posto a nu nossas modestas origens, suplantando uma humanidade que teria preferido uma procedência mais nobre a uma rede de processos materiais sem nenhum glamour.

O materialismo, portanto, possui tanto uma dimensão ética como uma dimensão política. Diante do humanismo arrogante, ele insiste na solidariedade com as coisas comezinhas do mundo, cultivando assim a virtude da humildade. Consternado com a fantasia de que os seres humanos são de todo autodeterminantes, ele nos lembra de que somos dependentes uns dos outros, bem como de nosso meio. "O desamparo original dos seres humanos", escreve Sigmund Freud, "é [...] a fonte primordial de todas as motivações

---

3 Friedrich Engels, *The Dialectics of Nature*, p.291-2.

morais."[4] O que nos torna seres morais não é nossa autonomia, mas nossa vulnerabilidade; não é enclausurarmo-nos em nós mesmos, mas mantermo-nos abertos. Fiel a esse espírito materialista, o filósofo marxista Sebastiano Timpanaro escreve como

> os resultados da pesquisa científica nos ensinam que o homem ocupa uma posição marginal no universo; que durante um longo tempo a vida não existiu na Terra, e que sua origem dependeu de condições muito especiais; que o pensamento humano é condicionado por determinadas estruturas anatômicas e fisiológicas, e é obscurecido, ou tolhido, por determinadas alterações patológicas destas.[5]

Esse tipo de materialismo não promove o niilismo, mas o realismo. Como na arte da tragédia, se quisermos que nossas realizações estejam bem fundamentadas, precisamos reconhecer nossa fragilidade e nossa finitude. Também existem outros benefícios morais. Ciente da intratabilidade da matéria, o pensamento materialista estimula o respeito à diversidade e à integridade do mundo, ao contrário do narcisismo pós-moderno, que só enxerga reflexos da cultura humana onde quer que olhe. O materialismo também desconfia do preconceito pós-moderno segundo o qual a realidade é argila em nossas mãos, pronta para ser esticada, cortada, esmurrada e remodelada pela vontade imperiosa. Trata-se de uma versão capitalista tardia da antiga aversão gnóstica à matéria.

Marxistas como Timpanaro também são expoentes do chamado materialismo histórico, sobre o qual nos estenderemos posteriormente.[6] Alguns deles (embora componham um pequeno grupo hoje em dia) também defendem o materialismo dialético, algumas vezes

---

4 Sigmund Freud, Project for a Scientific Psychology, em Ernst Kris (Org.), *The Origins of Psychoanalysis*, p.379.

5 Sebastiano Timpanaro, *On Materialism*, p.36.

6 Para um exemplo da ortodoxia marxista sobre esta questão, ver Antonio Labriola, *Essays on the Materialistic Conception of History*.

Materialismo

conhecido mais simplesmente como filosofia marxista.[7] O materialismo histórico, como o nome indica, é uma teoria da história, ao passo que materialismo dialético, cuja obra fundadora é *Dialética da natureza*, de Engels, é uma visão da realidade extremamente mais ambiciosa. Seu horizonte teórico é nada menos que o próprio cosmo, o que é, sem dúvida, um dos motivos pelos quais ele está fora de moda nestes tempos pragmáticos. Das formigas aos asteroides, o mundo é um complexo dinâmico de forças interligadas no qual todos os fenômenos estão inter-relacionados, nada permanece estático, quantidade se transforma em qualidade, não se oferece nenhum ponto de vista absoluto, tudo está perpetuamente a ponto de se transformar em seu oposto, e a realidade evolui através da unidade de poderes conflitantes. Aqueles que negam essa doutrina são acusados de serem metafísicos, assumindo falsamente que os fenômenos são estáveis, autônomos e distintos, que não existem contradições na realidade e que tudo é o que é, e não qualquer outra coisa.

Não está claro o que fazer com a afirmação de que tudo está relacionado a tudo o mais. Parece haver pouco em comum entre o Pentágono e um surto repentino de ciúme sexual, além do fato de que nenhum dos dois é capaz de andar de bicicleta. Algumas das leis que o materialismo dialético encontra em ação no mundo superam a diferença entre natureza e cultura, um exemplo embaraçosamente próximo do positivismo burguês que o marxismo rejeita. Como disse com ar triunfante um operário marxista conhecido meu: "A chaleira ferve, o rabo do cachorro balança e as classes lutam". No entanto, existem muitos marxistas para quem o materialismo dialético é uma forma disfarçada de idealismo ou um absurdo filosófico.[8] Esta última era a opinião de um grupo de supostos marxistas analíticos alguns

---

7 Para uma descrição ortodoxa, ver Henri Lefebvre, *Dialectical Materialism*.

8 A visão de que o materialismo dialético é uma forma de idealismo se baseia na acusação de que ele projeta as operações de negação, contradição etc. propriamente mentais ou linguísticas na própria realidade material. Para essa argumentação, ver Lucio Colletti, *Marxism and Hegel*, Parte 1.

anos atrás, que tinha o hábito de usar camisetas com o *slogan "Marxisme sans la merde de taureau"*, ou "Marxismo sem papo furado".

Vale a pena observar que os materialistas históricos não precisam ser ateus, embora, curiosamente, muitos deles pareçam ignorar esse fato. Ainda que a maioria deles rejeite a crença religiosa, eles em geral não se dão conta de que não há uma conexão lógica entre os dois casos. O materialismo histórico não é uma questão ontológica. Ele não afirma que tudo é feito de matéria e que, portanto, Deus seria uma noção absurda. Nem é uma Teoria de Tudo, como o materialismo dialético aspira a ser. Ele não tem nada a dizer, que seja de iminente importância, a respeito do nervo óptico ou de como preparar rapidamente um suflê bem fofinho. Trata-se de uma proposta muito mais modesta – que vê a luta de classes, junto com um conflito entre as forças e as relações de produção, como a dinâmica das transformações históricas memoráveis. Ele também considera que as atividades materiais dos homens e das mulheres estão na origem de sua existência social, uma visão que não é exclusiva do marxismo. Não existe nenhum motivo para que um judeu religioso como Walter Benjamin ou um admirador da teologia da libertação não adote esse modo de ver as coisas. Também houve marxistas islâmicos. Em tese, nada impede que ansiemos pelo inevitável triunfo do proletariado enquanto passamos várias horas do dia prostrados diante de uma imagem da Virgem Maria. Todavia, defender que tudo o que existe é matéria e ao mesmo tempo acreditar no Arcanjo Gabriel não seria uma tarefa tão fácil.

O materialismo dialético, como alguns têm argumentado, pertence a uma corrente do materialismo vitalista que passa de Demócrito e Epicuro a Espinosa, Schelling, Nietzsche, Henri Bergson, Ernst Bloch, Gilles Deleuze e uma gama de outros pensadores. Uma vantagem dessa doutrina é que ela permite criar espaço para o espírito sem se cair num dualismo vexatório, já que o espírito, na forma de vida ou energia, está integrado na própria matéria. No entanto, ela também sofreu críticas por ser tomada como uma forma de irracionalismo. Segundo essa visão, a realidade é volátil, mutável e está em

Materialismo

contínua transformação, e a mente, que tende a dividir o mundo de acordo com certas categorias um pouco caquéticas, tem dificuldade de se manter a par desse fluxo constante. A consciência é uma faculdade desengonçada e avultada demais para lidar com os meandros da natureza. Enquanto a mente costumava superar a inércia da matéria, a matéria é agora uma coisa imprevisível e que sobrepuja a mente.

Existem tipos de vitalismo que tendem a idealizar e tornar etérea a matéria. Por isso, eles correm o risco de eliminar a dor presente nela, desviando o olhar de sua substância recalcitrante.[9] De acordo com essa visão benigna, a matéria não é mais aquilo que fere – que bloqueia nossos projetos e frustra nossos objetivos; em vez disso, ela assume toda a delicadeza e a maleabilidade do espírito. É um tipo de materialismo estranhamente imaterial. Como observa Slavoj Žižek, o chamado Novo Materialismo, que promove essa visão,

> é materialista no sentido em que a Terra-Média é materialista: como um mundo encantado cheio de forças mágicas, espíritos bons e maus etc., mas, estranhamente, *sem deuses* – não existem entidades divinas transcendentes no universo de Tolkien, toda magia é imanente à matéria, como um poder espiritual que habita nosso mundo terreno.[10]

Assim como a de Tolkien, esta é uma visão essencialmente pagã. Como dizem os editores de uma obra intitulada *New Materialisms* [Novos materialismos], "a materialidade sempre é algo mais que a simples 'matéria': um excesso, uma força, uma vitalidade, uma racionalidade ou uma diferença que torna a matéria ativa, autocriadora, produtiva, imprevisível".[11]

---

9 Ver John Milbank, Materialism and Transcendence, em Creston Davis, John Milbank e Slavoj Žižek (Org.), *Theology and the Political*, p.394-5.

10 Slavoj Žižek, *Absolute Recoil: Towards a New Foundation of Dialectical Materialism*, p.13.

11 Introdução ao livro de Diana Cook e Samantha Frost (Org.), *New Materialisms: Ontology, Agency, and Politics*, p.9.

Outro trecho do mesmo livro descreve a matéria como "um princípio vital que habita em nós e em nossas invenções",[12] o que lhe confere um *status* pseudometafísico. Outro colaborador escreve, ainda, que "a compreensão desconstrucionista da materialidade indica uma força impossível, algo que ainda não é, e que já deixou de ser, da ordem da presença e do possível".[13] Com "impossível", a palavra derrideana da moda, parece que o materialismo estaria agora se movendo rapidamente na direção do apofático ou do inefável. Rey Chow vindica "um materialismo reformulado, definido principalmente como significado e sujeito em processo",[14] que é mais ou menos como pedir uma ideia reformulada de um rinoceronte definido principalmente como um coelho. Por que "significado e sujeito em processo" devem ser considerados o melhor exemplo de materialismo?

Resumindo: a matéria deve ser salva da humilhação de ser matéria. Em vez disso, ela deve ser vista como uma espécie de materialidade sem substância, tão fluida e multiforme como o conceito pós-estruturalista de textualidade. Como a textualidade, a matéria é infinita, indeterminada, imprevisível, não estratificada, difusa, descompromissada, heterogênea e não totalizável. Eric Santner muito adequadamente descreve o caso como "uma espécie de multiculturalismo em nível celular".[15] Analisando *New Materialisms*, fica evidente que o tipo de materialismo que a obra defende é realmente uma espécie de pós-estruturalismo em pele de lobo. Onde pensadores como Jacques Derrida dizem "texto", os novos materialistas dizem "matéria". Tirando isso, nada mudou muito.

---

12 Jane Bennett, A Vitalist Stopover on the Way to a New Materialism, em Cook e Frost (Org.), *New Materialisms*, p.47. Para uma demonstração admiravelmente exaustiva dos argumentos, ver também por completo seu trabalho *Vital Matter*.

13 Pheng Cheah, Non-Dialectical Materialism, em Cook e Frost (Org.), *New Materialisms*, p.79.

14 Rey Chow, The Elusive Material: What the Dog Doesn't Understand, em Cook e Frost (Org.), *New Materialisms*, p.226.

15 Eric L. Santner, *The Weight of All Flesh: On the Subject-Matter of Political Economy*, p.261.

Materialismo

Portanto, como muitas inovações aparentes, o novo materialismo não é, de modo algum, tão novo como parece. Ele compartilha a desconfiança que o pós-estruturalismo tem do humanismo – da crença de que os seres humanos ocupam um lugar privilegiado no mundo – e procura desacreditar esse ponto de vista por meio de uma visão das forças materiais que, indiferentes, fluem tanto pela esfera humana como pela natural. Mas não se pode minimizar o que é peculiar à humanidade simplesmente dando vida a tudo que está ao redor. A matéria pode estar viva, mas ela não está viva no sentido em que estão os seres humanos. Ela não pode se desesperar, fraudar, assassinar ou se casar. A Lua pode ser, num certo sentido, um ser vivo, mas ela não pode preferir Schoenberg a Stravinsky. Partículas de matéria não se movem dentro de um mundo de significados, como as pessoas fazem. Seres humanos podem ter história, mas papoulas e gaitas de fole, não. A matéria pode ser autoativada, mas isso não é o mesmo que atingir seus objetivos. A matéria não tem objetivos a atingir.

Se o vitalismo rejeita a visão de que a matéria é algo bruto e estúpido, isso se dá em parte porque ele pareceria deixar espaço para espíritos desencarnados. Se você reduz os corpos humanos ao mesmo *status* de uma mesa de centro, é possível que sinta a necessidade de incutir neles uma alma impalpável para que assim você consiga compreender um monte de coisas que eles são capazes de fazer. Desse modo, o materialismo mecânico pode facilmente se transformar em seu oposto. Contra as próprias intenções, ele pode abrir caminho para atribuir à humanidade uma condição espiritual única. O vitalismo está correto ao rejeitar a falsa dicotomia entre a matéria estúpida e o espírito imortal, mas ele o faz alegando que toda matéria é viva, o que simplesmente eleva as mesas de centro ao nível dos seres humanos. A verdade é que os homens e as mulheres não estão nem separados do mundo material (como para o humanismo idealista) nem são meros fragmentos de matéria (como para o materialismo mecânico). Eles são, de fato, fragmentos de matéria, mas de um tipo peculiar. Ou, como diz Marx: os seres humanos são parte da natureza, o que

Materialismos

significa pensar que os dois são inseparáveis; mas também podemos nos referir a eles como estando "ligados", o que significa enfatizar sua diferença.[16] Alguns materialistas vitalistas temem que ressaltar a diferença entre os seres humanos e o resto da natureza seja o mesmo que estabelecer uma hierarquia deplorável. Porém, os homens e as mulheres são de fato, em alguns aspectos, mais criativos que o porco-espinho. Eles também são tremendamente mais destrutivos, e pelas mesmas razões. Aqueles que negam a primeira afirmativa correm o risco de ignorar a segunda.

Os seres humanos são afloramentos do mundo material, mas isso não quer dizer que eles não são diferentes dos cogumelos. Eles se diferenciam dos cogumelos não porque são espirituais e os cogumelos são materiais, mas porque os humanos são exemplos da forma peculiar de materialidade conhecida como animal. Eles também têm um *status* peculiar dentro do reino animal, o que não quer dizer, de modo algum, um *status* claramente "superior". O novo materialismo, por outro lado, de pronto considera a conversa sobre a natureza especial da humanidade apenas arrogância ou idealismo. Ele é um tipo pós-moderno de materialismo. Alarmado com a perspectiva de privilégio – de uma divisão prejudicial entre as criaturas humanas e o resto da natureza –, ele corre o risco de nivelar essas diferenças num espírito de igualitarismo cósmico, enquanto pluraliza a própria matéria. Ao fazê-lo, ele acaba com o tipo de visão contemplativa do mundo que (como veremos posteriormente) Marx critica em Feuerbach. Não se escapa desse ponto de vista considerando tudo vital e dinâmico em vez de mecânico e inerte.

Se o materialismo reducionista tem dificuldade em abrir espaço para o sujeito humano, sobretudo para o sujeito como agente, o mesmo acontece com essa "nova" versão da doutrina. Enquanto o materialismo mecânico desconfia que a ação humana é uma ilusão, o materialismo vitalista está disposto a afastar o sujeito soberano

---

16 Karl Marx, *Early Writings*, p.328.

Materialismo

do centro e jogá-lo na rede de forças materiais que o constituem. Porém, ao chamar a atenção para essas forças, ele às vezes não reconhece que é possível ser um agente autônomo sem estar magicamente livre de determinações. A autonomia é mais uma questão de se relacionar com essas determinações de uma forma peculiar. Ser autodeterminado não significa deixar de depender do mundo que nos rodeia. Na verdade, é só através da dependência (daqueles que nos alimentam, por exemplo) que podemos alcançar um grau de independência. O sujeito autônomo criado pelo pensamento pós-moderno é um fantoche. Ser livre de todas as determinações não significaria, de modo algum, a liberdade. Como alguém poderia ser livre para marcar um gol pelo Real Madrid se sua perna não funcionasse de uma maneira que fosse confiável, previsível e anatomicamente determinada?

Em *New Materialisms*, como na maioria das formas de vitalismo, termos como "vida" e "energia" pairam ambiguamente entre o descritivo e o normativo. Ao designar determinadas forças dinâmicas, os autores também tendem a lhes atribuir valor, apesar do fato de que de modo algum todas as manifestações de vida, força e energia devem ser elogiadas. Nem todo dinamismo deve ser admirado, como a carreira de Donald Trump poderia comprovar. Uma visão da matéria como mutável, múltipla e difusa também pode trazer consigo uma aversão a instituições sociais e organizações políticas "restritivas". Desse modo, é possível passar do novo materialismo ao antimarxismo muito rapidamente.

Alguns dos principais vícios do vitalismo podem ser encontrados na obra de Gilles Deleuze, um metafísico puro-sangue, para quem o Ser consiste de uma criatividade imanente que é ao mesmo tempo infinita e absoluta e cuja expressão máxima é o pensamento puro.[17] No universo gnóstico de *Lógica do sentido*, *O anti-Édipo* e

---

17 Um excelente guia para a obra de Deleuze é o livro de Peter Hallward, *Deleuze and the Philosophy of Creation*.

Materialismos

Diferença e repetição, de Deleuze, sujeitos, corpos, órgãos, discursos, histórias e instituições – na verdade, a realidade como tal – ameaçam obstruir essa força virtual e insondável, mais ou menos como, tradicionalmente, se pensava que o corpo aprisionava a alma. Na maioria das vezes, Deleuze considera que a restrição é somente negativa, uma visão que reflete de forma fidedigna a ideologia que, sob outros aspectos, ele julga censurável. História, ética, leis, propriedade, território, significado, trabalho, família, subjetividade, sexualidade comum e organização política de massa são em geral poderes castradores, regularizadores, colonizadores, como o são, em geral, para Michel Foucault, admirador de Deleuze. Devemos desconfiar da unidade, da abstração, da meditação, do significado, da relacionalidade, da interioridade, da interpretação, da representação, da intencionalidade e da reconciliação. Do ponto de vista de uma *intelligentsia* alienada, não há muito de construtivo a ser descoberto na existência social cotidiana. Em vez disso, por meio de um punhado de cláusulas qualificativas, nos oferecem uma antítese banal entre o criativo, desejoso e dinâmico (que obviamente deve ser endossado) e a esfera opressiva das formas materiais permanentes (que devem ser implicitamente demonizadas). O vitalismo cósmico de Deleuze é virulentamente antimaterialista. A "vida" é uma força etérea, totalmente indiferente aos seres humanos corpóreos, cuja conquista suprema é se despojar de sua criaturalidade de modo a se tornar instrumento dócil desse poder implacável. A questão fundamental é como podemos nos livrar de nós mesmos. Alguns daqueles que aplaudem aspectos do argumento de Deleuze o rejeitam de antemão quando deparam com ele num formato diferente, no texto de D. H. Lawrence.

O que nos oferecem, portanto, é uma filosofia libertária romântica de afirmação desenfreada e incessante inovação, como se o criativo e o inovador estivessem inequivocamente do lado dos anjos. É um universo sem carência nem defeito, indiferente ao colapso e à tragédia. O Ser é unívoco, o que significa que todas as coisas são faces de Deus

Materialismo

ou facetas da força vital. Como consequência, os seres humanos são elevados à condição quase divina; porém, pelo mesmo motivo, Deus perde sua transcendência e se funde à realidade material, como o faz para o grande mentor de Deleuze, Espinosa. Naquilo que Heidegger considera o engano típico da metafísica, o Ser é moldado nos seres, de modo que Deus se torna, de uma maneira idólatra, um Superobjeto todo-poderoso. Além disso, se todos fazemos parte de uma Divindade imanente, então podemos ter acesso à realidade absoluta simplesmente ao conhecermos nós mesmos, já que é esse Absoluto que pensa e sente em nós. Posso conhecer a verdade simplesmente ao consultar minhas próprias intuições.

Quaisquer que sejam as implicações políticas dessa argumentação, elas certamente não estão do lado do radicalismo, embora a argumentação aventada em *New Materialisms* se apresente como justamente isso. No entanto, não é difícil perceber quão bem ela se harmoniza com a natureza do capitalismo pós-industrial – com um mundo em que o trabalho e o capital estão desmaterializados em símbolos, fluxos e códigos; os fenômenos sociais são instáveis, plurais e estão em constante transformação; e imagens, simulacros e virtualidades dominam tudo, desde coisas banalmente simples como os objetos materiais. Nesse ambiente maleável ao infinito, a absoluta intratabilidade da matéria representa uma espécie de escândalo. Uma sociedade materialista não tem muito carinho pelo material, já que ele sempre pode mostrar um grau de resistência a seus objetivos. Nem todo materialismo vitalista se notabilizou por sua política progressista. O mormonismo, que geralmente não é considerado a crença mais socialmente esclarecida, é um exemplo disso. Para seu fundador, Joseph Smith, o espírito é apenas uma variedade de matéria mais refinada e mais pura – uma matéria enobrecida, digamos assim. A materialidade é de todo aceitável contanto que seja difícil de distinguir do espírito. O novo materialismo surgiu em parte para substituir um materialismo histórico atualmente fora de moda. No entanto, todas as suas correntes, ao contrário do materialismo histórico, não parecem estar particularmente preocupadas com o destino dos homens e das mulheres num mundo explorador.

* * *

Que outras variedades de materialismo são oferecidas? Existe o materialismo cultural: criação do crítico cultural britânico Raymond Williams que investiga as obras de arte em seus contextos materiais.[18] Apesar de todos os seus *insights* indiscutíveis, não é fácil perceber como ele é muito mais que uma versão politizada da tradicional sociologia da arte, que também investiga questões como públicos, leitorados, organizações sociais de cultura, entre outras. Existe também o materialismo semântico, um estilo de pensamento popular nos anos 1970 que tinha um alto nível teórico, mas que não está muito em voga hoje em dia. Ele argumenta que os significantes são materiais (marcas, sons etc.); que os significados ou sentidos são o resultado de uma interação de significantes; e que, consequentemente, o sentido tem uma base material. Como veremos posteriormente, Ludwig Wittgenstein considera que o sentido é uma questão de como os signos materiais funcionam dentro de uma forma de vida prática. Se a vida de um signo reside em seu uso, e se seu uso é uma questão material, então não é como se o sentido se escondesse em algum lugar atrás do signo, como a alma se esconde dentro do corpo para o dualista cartesiano. Somos tentados a imaginar, Wittgenstein observa em *The Blue and Brown Books* [Os livros azul e marrom], que há um elemento "inorgânico" ou material no tratamento dos signos, e também um aspecto orgânico ou espiritual, que é o sentido e a compreensão.[19] Segundo ele, porém, isso é uma falsa dicotomia. O sentido é uma questão do que obtemos com os signos, de como os utilizamos para

---

18 Ver em particular Raymond Williams, *Culture* e *Culture and Materialism*. Para uma descrição útil, ver Andrew Milner, *Cultural Materialism*.

19 Ludwig Wittgenstein, *The Blue and Brown Books*, p.3.

Materialismo

fins específicos na esfera pública. Isso não é mais invisível do que o ato de manejar um abridor de latas. A compreensão é o domínio de uma técnica e, por isso, uma forma de prática.[20]

Como muitas ideias aparentemente modernas, o materialismo semântico tem sua origem na Antiguidade. Ele também é encontrado nos textos de Marx, que observa que "o elemento do próprio pensamento, o elemento da expressão vital do pensamento – a *linguagem* – é natureza sensível".[21] É a matéria (marcas, sons, gestos) que é a base do sentido. Em *A ideologia alemã*, Marx diz que a linguagem derruba a diferença entre matéria e espírito, o que, como veremos mais adiante, também vale para o corpo. Num golpe sarcástico nos idealistas filosóficos, ele observa, com falso pesar, como "desde o início o 'espírito' está aflito com a maldição de ser 'sobrecarregado' de matéria, que surge aqui na forma de camadas agitadas de ar e de sons – em suma, de linguagem".[22] "Aflito", "maldição", "sobrecarregado": Marx escreve aqui com a veia satírica de Swift, fingindo ver a pureza do sentido humano contaminada por seu instrumento material vil. Podem os conceitos grandiosos do Ser Supremo ou das formas platônicas realmente chegar até nós na forma de camadas agitadas de ar? Eles não são enaltecidos o bastante para existir independentemente do som e da escrita? Por meio de qual mistério humildes marcas escuras numa página branca podem designar ideias, interesses e desejos humanos?

"A linguagem é tão velha quanto a consciência", prossegue Marx. "A linguagem *é* a consciência prática que também existe para outros homens, e só por esse motivo ela também existe de fato para mim, pessoalmente; a linguagem, como a consciência, só surge da carência, da necessidade de relacionamento com outros homens."[23] Se Wittgenstein, como veremos, insiste na natureza pública da linguagem,

---

20 Ver Anthony Kenny, *Wittgenstein*, cap.8.
21 Karl Marx, *Early Writings*, p.356.
22 Karl Marx e Friedrich Engels, *The German Ideology*, p.50-1.
23 Ibid.

Materialismos

bem como em seu envolvimento com o restante da existência material, Marx antecipa seus *insights*, ainda que de forma superficial. Se a linguagem é consciência prática, e se os signos que a inventam são materiais, então podemos falar de uma extensão da materialidade da consciência. Mas o que a frase significa para Marx não é, na maioria das vezes, o que ela significa para a neurociência contemporânea.

Como a linguagem não é obra de um único indivíduo, esse símbolo de nossa humanidade tem um ar curiosamente anônimo. Ela é menos um objeto pessoal que um meio no qual nascemos. Na maioria das vezes, os grandes poetas só conseguem dar voz a seus sentimentos mais íntimos recorrendo a termos que inúmeros homens e mulheres empregaram infinitas vezes antes. Existem, é claro, coisas como neologismos, mas eles só fazem sentido em termos de significados já estabelecidos. Portanto, nos vemos diante do paradoxo materialista de que o humano nasce do não humano. É claro que a linguagem é, em certo sentido, uma invenção humana. Mas ela se revela a nós como uma determinada força implacável. Ela é tanto uma fatalidade como um cenário de criatividade. E isso não vale apenas para a linguagem. Também somos o produto da história, da hereditariedade, dos sistemas de parentesco, das instituições sociais e dos processos inconscientes. Na maioria das vezes, nós não escolhemos essas coisas. Elas também pesam sobre nós como forças impessoais, mesmo que (à exceção da biologia) elas sejam, em sua origem, criações humanas. Assim, o sujeito humano sempre é, de certa forma, um estranho para si mesmo, constituído por forças das quais ele é incapaz de se apropriar plenamente; e o fato de ser assim é um elemento do argumento materialista. É o idealismo que começa com o sujeito como se ele fosse autogerado e, portanto, falha por não começar com um recuo suficiente.

Samantha Frost mostra claramente como o maior dos filósofos políticos ingleses, Thomas Hobbes, revela uma percepção quase nietzschiana da complexidade incomensurável que entra em nossa criação. Ele está atento ao entrelaçamento sutil das forças que nos

Materialismo

constituem – do papel do costume, do hábito, da sorte, da constituição física, das experiências acidentais etc. na fabricação dos chamados agentes humanos autônomos.[24] Dizer que somos um produto de tantas forças não é alegar, como fazem os eliminativistas, que a ação humana é um mito interesseiro. É, antes, insistir que a autodeterminação que podemos alcançar existe dentro do contexto de uma dependência mais profunda. O fato de que nossa carne provém da carne de outros é um sinal palpável disso. Nada pode nascer de suas próprias entranhas e, ainda assim, ser humano. O sinal mais visível de nossa ação-com-dependência é o corpo, que é a fonte de nossa atividade, embora também seja mortal, frágil e terrivelmente suscetível à dor. Se o corpo é o instrumento da ação, ele também é uma causa de aflição. É o que nos torna vulneráveis e também produtivos. É porque somos pedaços de um certo tipo de carne que somos capazes de ser agentes históricos; mas ser um corpo também significa estar exposto e desprotegido, sujeito a inúmeras influências incontroláveis, incapaz de um autodomínio completo. Como observa Joeri Schrijvers, "ser-no-mundo como um corpo implica tanto a faticidade como a liberdade, tanto a doação espontânea como a constituição ativa".[25] Não podemos decidir não respirar ou sangrar, já que, como o inconsciente (e os processos somáticos são, eles mesmos, inconscientes), o corpo impõe a nossas vidas sua lógica rigorosamente anônima.

É com esse espírito que Sebastiano Timpanaro nos lembra de que "não podemos negar ou evitar o elemento de passividade na experiência: a situação externa que nós não criamos, mas que se impõe sobre nós".[26] Conceber os seres humanos principalmente como agentes não é sucumbir a um culto do ativismo frenético. Por sermos *animais* racionais, estamos sujeitos a diversas formas de sofrimento e exploração.

---

24 Ver Samantha Frost, Fear and the Illusion of Autonomy, em *New Materialisms*, p.158-76.
25 Joeri Schrijvers, *An Introduction to Jean-Yves Lacoste*, p.49.
26 Timpanaro, *On Materialism*, p.34.

Materialismos

"Como um ser natural, corpóreo, sensível e objetivo", escreve Marx, "[o indivíduo humano] é um ser sofredor, condicionado e limitado."[27] Por sermos animais *racionais*, e, portanto, particularmente engenhosos, alguns (mas não todos) desses males podem ser reparados. A dor é um lembrete da faticidade da carne, de sua resistência obstinada ao espírito. O corpo é um pedaço de matéria que nunca podemos escolher, e que nunca conseguimos apropriar plenamente. Se é nosso instrumento de expressão, ele também conserva sua própria densidade e autonomia parcial. Para Jean-Luc Nancy, ele representa aquilo que o pensamento nunca consegue penetrar inteiramente, mesmo que ele seja a base e a origem de nosso pensamento.[28]

Portanto, em certo sentido a própria base material da subjetividade ameaça miná-la. Como criaturas carnais, trazemos conosco um pouco da natureza densa e refratária da matéria, só que, nesse caso, tão próxima de nós como a respiração. No neologismo útil de Lacan, o corpo é "extimidado". Como a morte, ele é tanto um destino que nos é imposto como, no íntimo, nos pertence. Se ele é um modo de individuação, também é uma condição comum. O que nos torna inimitavelmente nós mesmos é a matéria que compartilhamos com bilhões e bilhões de seres humanos. Individuar-se, como Marx ressalta, é uma capacidade que pertence a nosso ser-espécie em geral. O fato de podermos nos tornar pessoas únicas é um aspecto de nossa animalidade compartilhada.

Dada sua impessoalidade, o corpo pode se sentir estranhamente alheio ao eu, de modo que o dualismo é, de certa forma, um engano compreensível. Os dualistas não estão errados em considerar que os seres humanos estão divididos internamente; eles simplesmente identificam incorretamente a natureza dessa fissura. Não é que estejamos divididos entre o corpo inerte e uma entidade etérea chamada alma. Mesmo quando objetificamos nossos próprios corpos, ou os

---

27 Marx, *Early Writings*, p.389.
28 Ver Jean-Luc Nancy, *The Sense of the World*, p.34.

Materialismo

sentimos como um estorvo para o espírito, o eu que tem essas experiências é um fenômeno encarnado. Sentir nossa carne como estranha e exterior faz, na verdade, parte de nossa "alma", no sentido de nossa vida significativa como um organismo. Estamos em conflito com nós mesmos não porque corpo e alma estão mutuamente em conflito, mas porque somos animais temporais, criativos e indeterminados. Veremos posteriormente que falar em alma é denotar o tipo de corpo que é capaz de significar; e como não há fim à significação, somos criaturas inacabadas eternamente em processo e muito à frente de nós mesmos. Chamar a nós mesmos de seres históricos é dizer que somos constitutivamente capazes de autotranscendência, tornando-nos um conosco mesmos somente na morte. Além disso, como criaturas desejantes, estamos constantemente divididos entre o que possuímos e aquilo a que aspiramos, bem como entre o que imaginamos que desejamos conscientemente e o que desejamos inconscientemente. É nesse e em outros sentidos que somos sujeitos divididos, não porque somos um amálgama estranho da matéria bruta com a mente pura. A alma às vezes tem sido considerada a essência do corpo, seu princípio de unidade; mas, na verdade, ela é uma forma de descrever como nunca somos de todo idênticos a nós mesmos.

Toda vez que agimos, desfazemos a distinção entre matéria e espírito, entrelaçando sentido e materialidade; mas é somente em determinados contextos especiais (dançando, fazendo amor, jogando tênis de primeira linha) que o corpo parece luminosamente transparente para a mente. Nessas raras ocasiões, os corpos material e fenomenológico parecem convergir.[29] Para algumas teorias estéticas, essa convergência é consumada sobretudo na obra de arte. O que nos impressiona como algo especial no artefato estético é que cada partícula concreta dele parece imbuída de um sentido pleno, revelando assim uma harmonia entre o sentido como significado e o sentido

---

29 Ver Simon Critchley, *Infinitely Demanding: Ethics of Commitment, Politics of Resistance*, p.86.

Materialismos

como substância. Isso, por acaso, também se aplica à doutrina cristã do corpo humano ressurreto. O corpo ressurreto ou transfigurado transcende a tensão entre ter um corpo e ser um corpo – entre o corpo como dado e o corpo como expressivo. Como um poema, sua essência material está em harmonia com seu sentido.

Quando São Paulo escreve de forma depreciativa a respeito da carne, ele não está se referindo à nossa natureza física, mas a uma forma específica de vida na qual o corpo e seus desejos saem do controle e se tornam excessivamente insubordinados. O nome que ele dá para esse modo de vida é pecado. Na visão hebraica de Paul, o corpo (*soma*) é abençoado porque é criação de Deus, enquanto a carne (*sarx*) é a sua metáfora do modo que ele pode se tornar perverso e patológico. Quando se trata da carne, estamos na esfera das compulsões neuróticas e das repetições patológicas, dos desejos que se tornam rígidos e despóticos. Nesse sentido, podemos dizer que Paulo prenuncia alguns dos *insights* de Sigmund Freud. Como um materialista somático, Freud considera que a troca ativa entre o corpo do bebê e os corpos dos seus cuidadores está na origem do espírito humano, mas também é a causa da sua doença. É desse intercâmbio íntimo que a gratidão da criança para aqueles que a alimentam surge pela primeira vez, um sentimento que, na opinião de Freud, é a base da moral. Porém, é nesse momento também que o desejo brota pela primeira vez e o inconsciente se abre; e essas forças vão espiar a mente de dentro, distorcendo nossos projetos e percepções. Portanto, para Freud a vida inconsciente brota do tipo de animais materiais que nós somos. Como observa Alfred Schmidt, "a compreensão do homem como um ser carente, sensível e fisiológico é [...] a precondição de qualquer teoria da subjetividade".[30] Parte dessa subjetividade diz respeito àquilo que dentro de nós supera a mente consciente. A fantasia do inconsciente surge das situações mais corriqueiras – a necessidade que o

---

30 Alfred Schmidt, *The Concept of Nature in Marx*, p.96.

Materialismo

bebê tem dos cuidados contínuos de seus cuidadores, sem os quais ele morre. Essa é a consequência da necessidade material.

Enquanto o bebê ainda está nesse estado, a "Queda" na linguagem e no desejo ainda não aconteceu. Em vez disso, existe um conjunto de compreensões somáticas tácitas entre a criança e seus cuidadores sobre o qual a linguagem será finalmente construída. Porém, à medida que a comunicação humana fica mais elaborada, ela se torna mais densa num sentido, mas mais rasa em outro – mais rica e mais complexa, porém também perigosamente abstrata, e, portanto, capaz de ser cortada do controle sensível da carne. Não podemos mais confiar no instinto e no reflexo físico, mas, em vez disso, somos entregues aos recursos mais precários da razão. A linguagem, por assim dizer, não tem mais o suporte do corpo, como acontece com Clym Yeobright e sua mãe no romance *O retorno do nativo*, de Thomas Hardy, cujos "discursos pareciam terem sido executados pelas mãos direita e esquerda do mesmo corpo". Portanto, o corpo e a mente podem estar em conflito entre si; e isso também pode ser interpretado erroneamente como uma guerra entre o corpo e a alma.

Ludwig Wittgenstein era admirador de Freud, um compatriota de Viena cujas obras sua família conhecia bem. De fato, poucas famílias precisavam com mais urgência dos cuidados de Freud do que aquele grupo psicologicamente deficiente, embora somente a irmã de Ludwig, Margareth, tenha sido de fato analisada por ele.[31] A postura de Wittgenstein em relação aos bebês, por exemplo, está muito mais próxima da de Freud do que da sabedoria popular dos subúrbios ingleses. "Quem quer que ouça o choro de uma criança com compreensão", ele escreve, "saberá que forças psíquicas, forças terríveis dormem dentro dela, diferentes de tudo normalmente aceito. Ódio profundo e a dor e o desejo de destruição."[32]

---

31 Para uma descrição da extraordinária psicopatologia da família Wittgenstein, ver Alexander Waugh, *The House of Wittgenstein: A Family at War*.

32 Ludwig Wittgenstein, *Culture and Value*, p.4e.

Se os bebês não nos fazem mal, como Santo Agostinho observa friamente em *Confissões*, é por falta de força, não por falta de vontade. Wittgenstein e sua irmã se submeteram à hipnose e, tendo colocado uma forte resistência ao processo, caíram num transe profundo assim que a sessão terminou. Mesmo no divã do hipnotizador, Wittgenstein se portou de maneira respeitosa diante das convenções. Não há motivo para pensar que seus pontos de vista fossem incompatíveis com os de Freud.[33] A insistência de Wittgenstein na acessibilidade pública aos nossos estados "internos" não exclui o fato que eles podem ser ambíguos e indefiníveis. E um motivo disso pode muito bem ser os estratagemas do inconsciente. Nenhum dos dois pensadores considerou que os homens e as mulheres eram transparentes para si mesmos. Para Wittgenstein, podemos ser facilmente enganados a respeito dos nossos sentimentos; para Freud, vivemos num estado permanente de auto-opacidade conhecido como inconsciente. O sujeito humano emerge de um fracasso para ser idêntico a si mesmo.

* * *

Podemos nos voltar agora ao chamado materialismo especulativo, uma teoria associada ao filósofo francês Quentin Meillassoux.[34] Como Timpanaro, Meillassoux está disposto a expulsar o sujeito humano da posição privilegiada que um humanismo idealista lhe atribuiu. Ele, também, chama a atenção para as vastas extensões do

---

33 Para uma pesquisa absorvente a respeito da Viena de Freud e Wittgenstein, ver Allan Janik e Stephen Toulmin, *Wittgenstein's Vienna*, uma obra que, a certa altura, faz referência à "esposa de Leonard Woolf, Virginia". Para Wittgenstein e Freud, ver Brian McGuinness, Freud and Wittgenstein, em Brian McGuinness (Org.), *Wittgenstein and his Times*, p.108-20.

34 Ver em particular, de sua autoria, *After Finitude: An Essay on the Necessity of Contingency*. Análises úteis do pensamento de Meillassoux são as de Levy Briant, Nick Srnicek e Graham Harman (Org.), *The Speculative Turn: Continental Materialism and Realism*, Watkin, C. *Difficult Atheism* e Graham Harman, *Quentin Meillassoux: Philosophy in the Making*.

Materialismo

tempo cósmico (o que ele chama de "ancestralidade") antes que a humanidade surgisse sobre a Terra. Para o idealismo, o mundo só pode ser conhecido do ponto de vista de um sujeito específico (o que Meillassoux denomina "correlacionismo"), mas, para ele, nossa capacidade não se limita a isso. Nós também podemos saber que essa correlação entre sujeito e objeto é contingente. Ela não é necessária; aliás, nada é. Num mundo material, nada precisa ser de uma determinada maneira, e tudo poderia ter sido completamente diferente. Nada poderia estar mais distante do pensamento de um determinista como Espinosa, que argumenta em sua *Ética* que "no universo não existe nada contingente, mas todas as coisas são determinadas pela necessidade da natureza divina para existir e funcionar de uma certa maneira".[35]

Contingência, decerto, não significa caos. Não é que nossos filhos acordam um dia falando farsi, uma língua que eles ignoravam quando foram se deitar na noite anterior. A lei e a lógica realmente existem, mas o fato de existirem é, em si mesmo, não necessário. O conhecimento absoluto não é uma questão de buscar a essência das coisas, mas de saber que elas não têm essência. Mesmo o fluxo é contingente. Em vez disso, poderia ter sempre existido a estabilidade. Em *L'Inexistence divine* [A inexistência divina],[36] Meillassoux diz que essa condição contingente se aplica até mesmo a Deus. Não existe de fato nenhum Deus, mas sempre poderia ter existido. Existe sempre a possibilidade que ele surja do nada na próxima quarta-feira, talvez entre a hora do almoço e do chá da tarde. O que é logicamente possível também é realmente possível. Podemos não saber se uma determinada afirmação lógica a respeito do mundo é válida, mas sabemos que ela sempre poderia ser. Uma vez que Meillassoux considera essa contingência como a verdade fundamental da realidade, ele é aquele tipo raro de materialista para quem é possível conhecer o Absoluto.

---

35 Espinosa, *Ethics*, p.25.
36 Em Harman, *Quentin Meillassoux: Philosophy in the Making*, p.90-122.

Materialismos

O materialismo especulativo insiste na fragilidade da humanidade em contraste com o contexto do tempo e do espaço cósmicos. O antropomorfismo é uma forma de estupidez. No entanto, Meillassoux também é um ardente defensor do infinito, como seu mentor filosófico Alain Badiou. Num mundo material, nada, em princípio, está fora dos limites da razão. Estabelecer limites para a razão à maneira de Immanuel Kant é permitir a possibilidade da transcendência – de fenômenos que estão fora do alcance da racionalidade humana. E isso significa permitir a entrada de uma boa dose de espiritualidade vazia, bem como de uma onda de fanatismo religioso. Para um racionalista gaulês determinado como Meillassoux, porém, não pode haver terreno em que a ordem da razão não vigore. O pensamento é, em princípio, infinito. Ele não conhece nenhuma interdição. A existência de Deus poria limites à nossa compreensão, ao passo que a sua ausência significa que nossas investigações cognitivas são potencialmente ilimitadas.

Ironicamente, é por não haver Deus que podemos ter acesso ao Absoluto – ou seja, a um conhecimento da absoluta contingência das coisas. Se existisse realmente uma divindade, então o mundo seria governado pela necessidade divina; uma necessidade, talvez, cujas intervenções só fossem do conhecimento de Deus; e a contingência deixaria de ser a verdade suprema do mundo. Nesse sentido, Meillassoux é um nominalista medieval à moda antiga que defende que Deus tem de ser banido do mundo se quisermos preservar a liberdade do mundo, ao contrário da visão mais ortodoxa de que o próprio Deus é a fonte dessa liberdade. Os milagres, ele sugere maliciosamente, demonstram a não existência do Todo-Poderoso, já que indicam uma falta de projeto cósmico.

Enquanto pudermos afirmar que existe uma razão necessária pela qual as coisas são como são, também poderemos supor que existe uma razão necessária para o mundo como um todo, o que, para Meillassoux, significaria capitular ao teísmo. Se algo tem tal razão, alguns têm argumentado, então essa razão precisa, ela própria, ter

Materialismo

uma razão; e, se quisermos evitar um regresso infinito dessas razões, devemos pôr um ponto final nessa rígida corrente de necessidades conhecida como Deus, que é sua própria *raison d'être*. Meillassoux pretende rejeitar esse modo de ver, que ele, talvez de maneira equivocada, considera ser um dos argumentos de Tomás de Aquino em defesa da existência de Deus. Em vez disso, é vital que recusemos nos render ao teísmo, sobretudo porque, na visão de Meillassoux, a contingência está na base da ética. Como o mundo não é governado por leis divinas, ele é provisório, em aberto e, portanto, receptivo à esperança. O ateísmo, não o teísmo, é a base da boa vida.

Portanto, o materialismo especulativo defende que não existe razão para o cosmos, e que imaginar o contrário é se tornar vítima do teísmo. Para a teologia cristã ortodoxa, pelo contrário, é justamente a não necessidade do mundo que aponta para Deus. A doutrina da Criação defende, entre outras coisas, que o universo é totalmente contingente. Deus não o fez por necessidade, já que não há nada que ele precise necessariamente fazer, mas por amor. De acordo com essa visão, o mundo é totalmente gratuito, eternamente ofuscado pela possibilidade da sua própria não existência; e é essa gratuidade – que o romancista Milan Kundera chama de "a insustentável leveza do ser" – que alude ao seu Criador, mais do que qualquer elemento específico do próprio cosmo. O universo é dádiva, não fatalidade. Para recorrer a um termo teológico técnico, Deus o fez porque quis, para seu próprio deleite, mais ou menos como um artista produz uma pintura. Ele é o supremo avalista da contingência das coisas. O fato de que algo existe, dado que poderia muito bem não existir nada, se deve a ele. Portanto, Meillassoux não consegue compreender a teologia que ele rejeita. Mas isso não é nenhuma novidade. A maioria dos ateístas cria espantalhos para então destruí-los triunfalmente.

É o estruturalismo, quem diria, que consegue jogar um pouco de luz na ideia de Criação. Para essa linha de pensamento, cada elemento do mundo aparece contra o pano de fundo de sua possível ausência – o que quer dizer que todos esses elementos são arbitrários e mutuamente intercambiáveis. Só os lugares que eles ocupam numa estrutura geral é que permanecem constantes. Não importa a cor que você usa para "Siga" nos semáforos, desde que não seja a cor que usa para "Pare". Quando uma entidade é substituída por outra, sua contingência ganha destaque; e isso, por sua vez, torna novamente perceptíveis os lugares que essas entidades ocupam, como aqueles que sobrevivem às idas e vindas delas. É como se os próprios lugares só pudessem aparecer de forma negativa, quando deixamos de identificar algo com o espaço que ele preenche e, em vez disso, na transição entre um ocupante temporário e outro, temos um vislumbre do próprio lugar.

De forma semelhante, é a contingência do mundo que revela seu Criador. Deus é o pano de fundo que só se torna visível em contraste com o surgimento e o desaparecimento constante das coisas. Como diz o poeta Rilke, ele é aquele que segura todo esse infinito em suas mãos. No entanto, não é exatamente essa contingência que nos leva, num estilo platônico, a postular que existe algo necessário e eterno além dele. Pelo contrário, qualquer fato não necessário específico aponta para a não necessidade do mundo como um todo. Ele sugere que poderia muito bem não ter existido nada como algo; e para o teólogo, a razão pela qual não é assim é Deus, que criou o universo por amor num ato puramente gratuito. O vazio, no sentido do não-ser com o qual o mundo é atravessado (principalmente o fato de que ele não tem necessidade de existir), aponta para o vazio no sentido do abismo insondável que é a Divindade. É isso que a doutrina da Criação tenta capturar. Isso não tem nada a ver com o modo como o mundo começou. Poderíamos sustentar essa opinião e ao mesmo tempo acreditar, como Aristóteles, que o mundo nunca teve origem alguma.

* * *

O materialismo é um conceito admiravelmente amplo. Ele abarca desde o problema mente-corpo até a questão de saber se o Estado existe principalmente para defender a propriedade privada. Ele pode

Materialismo

significar uma negação de Deus, uma crença de que a Grande Muralha da China e os tornozelos de Clint Eastwood estão secretamente inter-relacionados, ou a insistência no fato de que a ponte Golden Gate continua existindo mesmo quando ninguém está olhando para ela. No entanto, ele também tem um significado comum que não é nem um pouco filosófico. Para a maioria das pessoas, materialismo significa uma atenção exagerada aos bens materiais. "Para o filisteu", escreve Friedrich Engels, "a palavra materialismo significa glutonaria, bebedeira, olhar lascivo, desejo carnal, arrogância, cupidez, avareza, cobiça, busca do lucro e trapaça na Bolsa – em suma, todos os vícios nojentos a que ele se entrega em privado".[37] Chamar Madonna de materialista não é dizer que ela defende que o espírito é simplesmente matéria em movimento ou que a luta de classes pende de um lado a outro à maneira que o cachorro abana o rabo. É, no entanto, chamar a atenção para o interesse dela numa versão pré-fabricada da Cabala, bem como ressaltar o tenebroso entusiasmo de John Travolta pela cientologia. As pessoas que têm um excesso de bens materiais tendem a recorrer a formas falsas de espiritualidade como um refúgio indispensável deles. Uma crença ingênua em ninfas do bosque, cristais mágicos, teosofia ou naves extraterrestres é simplesmente o outro lado da sua mundanidade. Não surpreende que o tarô, o ocultismo sedutor e a transcendência pré-cozida estejam tão em moda nas colinas de Hollywood.

Nessa visão, o espiritual não é um modo específico de materialidade – uma questão de alimentar os famintos, acolher o estrangeiro, se apaixonar, celebrar a amizade, defender a justiça e assim por diante –, mas uma fuga desses assuntos tão tristemente mundanos. Ela oferece uma pausa bem-vinda a um excesso de guarda-costas, agentes, cabeleireiros e piscinas aquecidas. Ela representa a má-fé dos fabulosamente ricos. Houve muitos colonizadores britânicos na Índia que encontraram na espiritualidade indiana uma fuga

---

37 Friedrich Engels, *Ludwig Feuerbach and the End of Classical German Philosophy*, p.30.

Materialismos

temporária da necessidade cansativa de espancar os nativos. Dizem que Heinrich Himmler sempre trazia consigo um exemplar do *Bhagavad Gita*. Se (numa versão popular do hinduísmo) o mundo é ilusão, então tudo é permissível.

Por fim, existe um uso amplo da palavra "materialismo" para significar uma delicada capacidade de resposta ao processo material. Podemos nos referir à atenção keatsiana dedicada ao fluxo e à textura das coisas como imaginação materialista, uma locução que, em alguns outros contextos, pode parecer um oximoro. É uma acepção do termo magnificamente ilustrada em quase todas as páginas do romance *Laços de família*, de Marilynne Robinson.

Até agora, fizemos um levantamento de uma variedade de materialismos, alguns dos quais examinaremos de maneira mais aprofundada. Porém, o tipo a que daremos mais atenção não é nem cultural nem semântico, não é nem vitalista nem especulativo, e nem mecânico ou dialético. Tampouco se trata de guardar mais alguns Range Rovers na garagem. Como veremos, ele tem uma relação com o materialismo histórico, mas não é idêntico a ele. Na verdade, nem mesmo existe um nome exato para ele. Forçando um pouco a mão, poderíamos chamá-lo de materialismo somático (corpóreo) ou antropológico, mas nenhum dos termos é muito satisfatório. Como um modo de ver, ele leva a sério o que é mais palpável nos homens e nas mulheres – sua animalidade, sua atividade prática e sua constituição corporal. Visto desse ponto de vista, boa parte da filosofia parece uma supressão do óbvio. Foi isso que levou Friedrich Nietzsche a indagar por que nenhum filósofo jamais tinha mencionado com a devida reverência o nariz humano. É a essa abordagem que nos voltamos agora.

2
Os texugos têm alma?

Ludwig Wittgenstein observa, em *Investigações filosóficas*, que, se quisermos ter uma imagem da alma, devemos dar uma olhada no corpo humano.[1] Imagino que ele se refira ao corpo em ação, não ao corpo como objeto. A prática constitui o corpo, mas no sentido de que, para Wittgenstein, o significado de um signo é seu uso. O corpo humano é um projeto, um instrumento de significação, um ponto a partir do qual um mundo é organizado. É um modo de ação, uma forma de comunhão e interação com os outros, uma maneira de estar com eles e não simplesmente ao lado deles. Corpos são ilimitados, inacabados, sempre capazes de mais atividade do que eles podem estar manifestando neste exato momento. E tudo isso acontece com o corpo humano enquanto tal, independentemente de ele ser masculino ou feminino, branco ou preto, homossexual ou heterossexual, jovem ou velho. Podemos perceber, portanto, por que essa visão

---

1 Ludwig Wittgenstein, *Philosophical Investigations*, p.178. Em parte do que se segue eu me baseio em meu artigo The Body as Language, *Canadian Review of Comparative Literature*, v.41, n.1, p.11-6, mar. 2014.

Materialismo

particular do corpo não está muito em voga entre os fãs da diferença humana e os apologistas da construção cultural das coisas.

Maurice Merleau-Ponty, para quem o corpo é nossa forma habitual de ter um mundo, observa que "ter um corpo é, para uma criatura viva, se envolver reciprocamente com um ambiente definido, se identificar com determinados projetos e estar constantemente comprometido com eles".[2] Ou, como Marx disse e não disse, o eu é uma relação com seu entorno (disse e não disse porque ele escreveu essa frase em uma de suas obras, mas deletou-a no original).[3] O corpo está na origem das diversas formas por meio das quais estamos ligados uns aos outros, razão pela qual a palavra pode ser usada para denotar um fenômeno coletivo ("um corpo de piratas corsos ferozes"), bem como um fenômeno individual. É o que nos oferece um campo de atividade, um campo que não é, de modo algum, exterior a ele. Em *Da certeza*, Wittgenstein se confessou perplexo com a locução "o mundo exterior". "Exterior a quê?" talvez seja o que ele tinha em mente. Decerto, não a nós mesmos. Por sermos criaturas encarnadas, estamos no mundo tanto quanto estão nossas redes de esgoto. O mundo não é um objeto disposto diante de nós para ser contemplado de um lugar indefinível dentro de nosso crânio.

Entre outras coisas mais glamorosas, os corpos são objetos materiais, e a suprema objetivação da carne é conhecida como morte. Vale a pena observar, porém, que Tomás de Aquino, como seu mentor Aristóteles, se recusa a usar a palavra "corpo" para um cadáver. Em vez disso, ele faz menção a restos de um corpo, como nós às vezes fazemos. Um corpo morto só é um corpo como uma força de expressão. Como observa Denys Turner, não é como se "uma pessoa morta fosse uma pessoa que se encontra na condição infeliz de estar morta".[4] Faz parte simplesmente do dano causado por uma herança cartesiana que

---

2 Maurice Merleau-Ponty, *Phenomenology of Perception*, p.94.
3 Ver Karl Marx e Friedrich Engels, *Collected Works*, v.5, p.44.
4 Denys Turner, *Thomas Aquinas: A Portrait*, p.62.

quando ouvimos a frase "o corpo na biblioteca" a última coisa que nos vem à mente é um leitor assíduo. Imagine que alguém lhe telefona e pergunta: "George está?". Faria sentido responder: "Sim, mas ele está dormindo". Mas soaria estranho dizer: "Sim, mas ele está morto". Dizer que George está morto é dizer que ele não está ali; e, para Aristóteles e Tomás de Aquino, a razão pela qual ele não está ali é porque seu corpo não está ali, mesmo que os restos dele estejam. O túmulo indica o lugar em que alguém não está mais presente. Os restos materiais de George podem estar espalhados no chão da sala de estar ou enfiados no guarda-louça, mas o corpo ativo, expressivo, comunicativo, relacional e autoconsciente que foi o George terreno não está mais presente. Seu cadáver não é um jeito diferente de ser George, e sim uma matéria que de modo algum é George.

Você também pode ligar, sabendo que George está vivo, e perguntar: "O corpo de George está aí?". Isso também soaria estranho, assim como parece estranho se referir ao "corpo do bule de chá" em vez de simplesmente "o bule de chá". Isso dá a entender que o bule de chá é dotado de algo que vai além de sua constituição material. Do mesmo modo, "corpo de George" dá a entender que há em George algo mais que seu corpo, o que não é o caso. Nós só somos induzidos a imaginar isso porque George é um certo tipo de corpo (ativo, relacional, comunicativo etc.). Mas tudo isso faz parte do que significa ser um corpo humano, não um conjunto de propriedades acrescentadas a ele. Cabe a esses corpos superar a si mesmos. Existe num exemplar de *Mansfield Park* algo mais que a impressão, mas não no sentido de que existe a impressão mais outra coisa (imagens, por exemplo) na página.

Corpos como objetos materiais não estão muito na moda nestes tempos culturalistas. Mesmo assim, vale a pena recordar que, seja o que for que os seres humanos possam ser, eles são pedaços de matéria ou objetos naturais, e que qualquer coisa mais sutil ou atraente que eles possam alcançar tem de ocorrer dentro desse contexto. A objetivação não deve, de modo algum, ser sempre deplorada. Ela acontece todas as vezes que nos relacionamos uns com os outros, ou com algum aspecto do mundo. Se os homens e as mulheres são diferentes de porções de matéria como groselhas e pás, não é porque eles escondem uma entidade misteriosa dentro de si, mas porque eles são nacos de matéria de um tipo extremamente específico – uma especificidade que a linguagem da mente e a linguagem da alma tentam, erroneamente, fixar. Eles não são pedaços de substância natural com um apêndice fantasmagórico preso neles, mas montes de material que são intrinsecamente ativos, criativos, comunicativos, relacionais, autoexpressivos, autoconscientes, transformadores do mundo e autotranscendentes (vale dizer, históricos). Tudo isso simplesmente *é* a sua alma. A linguagem da alma é simplesmente uma forma de distinguir entre corpos desse tipo (ou de algum outro tipo de animal) e corpos como forcados ou vidros de molho inglês.

Como Aristóteles, Tomás de Aquino e Wittgenstein consideram que a alma é a "forma" do corpo – seu princípio vital ou modo peculiar de auto-organização. Essa não é uma questão especialmente misteriosa. Ela está totalmente à vista de todos. A cólera no rosto do outro, observa Wittgenstein, está ali tão claramente como em nosso próprio peito.[5] Marx fala que o outro está "presente em sua proximidade sensível" para nós.[6] Podemos ver a alma de alguém do mesmo modo que podemos ver sua tristeza ou sua raiva. Na verdade, ver sua tristeza ou sua raiva *é* ver sua alma. "Minha postura em relação a ele", Wittgenstein escreve, "é uma postura em relação a uma alma. Eu não sou da *opinião* que ele tem uma alma."[7] Chega do preconceito de que a consciência é privada. Não é como se eu precisasse deliberar comigo mesmo se ele é um ser senciente antes de decidir não lhe dar um tiro na cabeça. Só pessoas muito inteligentes, como Wittgenstein sarcasticamente poderia dizer, verificam se você tem uma alma antes de convidá-lo para almoçar. Nossa consciência, para usar um termo que

---

5 Ver Ludwig Wittgenstein, *Zettel*, p.220.

6 Marx, *Early Writings*, p.355.

7 Wittgenstein, *Philosophical Investigations*, p.178.

Wittgenstein encara, corretamente, com ceticismo, está inscrita em nosso corpo mais ou menos da forma que o significado está presente no mundo. Nós não estamos presentes em nosso corpo da forma que um soldado está agachado no interior de um tanque. Nesse sentido, o próprio corpo é uma espécie de signo. Como observa Jean-Luc Nancy, ele é "um signo de si mesmo", não de outra realidade diferente dele.[8]

Cabe a esse pensamento antidualista negar que nós sempre estamos seguros a respeito de nossa própria experiência, mas temos de adivinhar a experiência dos outros, ou deduzir o que eles estão sentindo a partir do seu comportamento. Por outro lado, há momentos em que podemos estar inseguros a respeito do que estamos sentindo (será isto ansiedade ou irritação?) e totalmente seguros a respeito daquilo que outra pessoa está passando. Ele está soltando esses gritos agonizantes porque acabou de levar um tiro na perna direita. Não "inferimos" que ele está atormentado ao vê-lo se debater impotente, não mais que um leitor familiarizado com a palavra "microlepidoptera" "infere", ao se deparar com ela, que ela significa o tipo de mariposas pequenas que só interessa aos especialistas. Na maioria das vezes, não sentimos nosso percurso hesitante do signo físico ao significado interior. Os dois são dados juntos, como o corpo e a alma. Isso não quer dizer que nosso comportamento seja sempre luminosamente transparente, não mais que o significado de um símbolo é sempre autoevidente. Pode muito bem haver enigmas e ambiguidades, casos obscuros e problemas de interpretação intratáveis; mas isso não é porque o significado do que fazemos é privado, ou está enterrado bem no fundo de nosso comportamento para ser extraído com facilidade. Ele não está, de modo algum, enterrado dentro dele.

As emoções estão atreladas a nossas necessidades, interesses, objetivos, intenções etc., os quais, por sua vez, estão atrelados à nossa participação na vida pública. Nem sempre é útil dizer que esses sentimentos estão "dentro" de nós. Gritar, rosnar ou esmagar garrafas de

---

8 Nancy, *The Sense of the World*, p.131.

Materialismo

uísque na cabeça das pessoas não são assuntos internos. Podemos, é claro, esconder o que estamos pensando ou sentindo, mas essa é uma prática social que temos de aprender, mais ou menos como temos de aprender a ser insinceros. Que os bebês não consigam esconder o fato de que estão molhados ou com fome é uma das invenções mais desagradáveis da natureza. Os chimpanzés podem mentir, no sentido de transmitir informações que eles sabem serem falsas; porém, ao contrário das celebridades de Hollywood ou dos porta-vozes da CIA, eles não podem ser insinceros, já que a insinceridade implica manter uma fachada em conflito com os próprios sentimentos reais, e para realizar essa operação intrincada são necessários os recursos da linguagem. O fato de não poderem se envolver num comportamento escandalosamente hipócrita, porém, não é um elogio incondicional aos chimpanzés, já que uma criatura incapaz de ser insincera também é incapaz de ser sincera. Só é possível falar com sinceridade se formos capazes de não ser sinceros.

Na visão de Wittgenstein, não seríamos capazes de aprender os nomes das emoções e das sensações se todo mundo as escondesse o tempo todo. (Há quem considere que os ingleses são uma exceção a essa regra.) Se ninguém jamais expusesse suas emoções – se só houvesse tristeza, mas não comportamento triste –, o discurso da emoção humana nunca sairia do papel. Existe uma relação necessária entre o que nós sentimos e nossa manifestação física disso. Comportamento triste é um critério para a aplicação adequada da palavra "tristeza", parte do modo como compreendemos o significado da palavra; e é ao pegar o uso público da palavra que eu posso identificar que um sentimento meu se enquadra nessa categoria de sentimento. Se a relação entre a sensação de tristeza e o comportamento triste fosse puramente contingente, todos poderiam sentir uma experiência absolutamente única quando desmoronam no carpete aos berros, e nós não teríamos nenhuma linguagem psicológica em comum. Nesse sentido, é o corpo que ajuda a nos salvar dos falsos deuses do significado privado e do ego solitário.

Os texugos têm alma?

Podemos perceber que tratores e secadores de cabelo não têm alma simplesmente olhando o que eles fazem, ou melhor, o que eles não fazem. Não precisamos perscrutar suas entranhas para estabelecer a verdade. De fato, afirmar que eles não têm alma é afirmar que eles não têm essas entranhas – que eles carecem do íntimo complexo demonstrado no comportamento de, digamos, Judi Dench, embora isso seja menos evidente no caso de Lindsay Lohan. É importante reconhecer, contudo, que se Judi Dench tem um íntimo profundo, não é porque ela nasceu com ele, como alguém pode nascer com um dedo a menos ou uma verruga no ombro, mas graças à sua participação numa forma prática de vida. "Consciência" *é* simplesmente essa participação.

Se a alma, ou o eu, é diferente do corpo, ele sempre pode ser mal interpretado como o senhor soberano dele. Contudo, considerá-lo como a forma do corpo sugere que não podemos falar de nossa relação com nosso corpo como uma relação de propriedade. Para começar, quem faria o papel de proprietário? Pode haver alguns bons argumentos em defesa do aborto, mas a crença de que o corpo de alguém é sua propriedade privada, podendo ser usado como a pessoa quiser, não é um deles. Eu não criei meu próprio corpo, mas derivo minha carne de outros. "Está claro", observa Marx, "[...] que os indivíduos certamente fazem uns aos outros, física e mentalmente, mas não fazem a si mesmos."[9] É claro que podemos falar de usar o próprio corpo. "Se eu tivesse o uso do meu corpo eu o jogaria pela janela", reflete melancolicamente o personagem Malone, de Samuel Beckett. Posso estender meus membros de forma altruísta por cima de um riacho para que você se arraste sobre minhas costas sem molhar sua saia da Victoria Beckham; mas ninguém utiliza o próprio corpo como um instrumento a partir de um ponto de controle ou de posse fora dele. Jean-Jacques Rousseau argumenta, de maneira um pouco paradoxal, que é o fato de não sermos senhores de nós mesmos que nos permite

---

9 Marx e Engels, *The German Ideology*, p.55-6.

ser autônomos. Se o eu não é nosso para que o possuamos, não podemos entregá-lo a outro. Além disso, se somos senhores de nós mesmos, isso significa que também somos nossos próprios escravos. Comunicar com você por telefone ou e-mail é estar corporalmente presente para você, embora não fisicamente. A presença física envolveria dividir o mesmo espaço material. Se uma atividade não envolve meu corpo, ela não me envolve. Pensar é uma atividade tão corporal como beber. Tomás de Aquino rejeita o preconceito platônico de que quanto menos nossas ações envolvem o corpo, mais admiráveis elas são.[10] Em sua visão, nossos corpos são constitutivos de todas as nossas atividades, por mais "espirituais" ou nobres que elas sejam. Para Tomás de Aquino, somos animais de ponta a ponta, não apenas do pescoço para baixo. É claro que nós também somos seres sociais, racionais e históricos, mas o argumento materialista é que somos essas coisas de uma forma particularmente animal. Elas não são alternativas à nossa animalidade, nem acessórios dela. História, cultura e sociedade são modalidades específicas de criaturalidade, não maneiras de transcendê-la. Corpos animais são intrinsecamente autotranscendentes.

"Mente" ou "alma", portanto, é uma forma de descrever como uma determinada espécie de animalidade é constituída, sua forma diferenciada de estar viva. Nesse sentido, não existe problema em passar do corpo para a alma, já que dizer "corpo" no sentido de animal já é dizer "alma". Como observa Alasdair MacIntyre, "nosso comportamento inicial diante do mundo é originalmente um comportamento animal",[11] uma situação que nosso acesso posterior à linguagem não ajuda a eliminar. Tomás de Aquino ensina que racionalidade humana é racionalidade animal. Precisamos ser capazes de raciocinar para

---

10 Ver Nicholas M. Heany, *Thomas Aquinas: Theologian of the Christian Life*, p.140-1. Para as visões de Tomás de Aquino sobre a alma e o corpo, ver em particular Ralph McInerny (Org.), *Aquinas Against the Averroists* e Tomás de Aquino, *Light of Faith: The Compendium of Theology*. Para alguns comentários menos importantes sobre a teologia do corpo, ver Terry Eagleton, *The Body as Language: Outline of a "New Left" Theology*.

11 Alasdair MacIntyre, *Dependent Rational Animals*, p.49.

sobreviver e nos desenvolvermos como criaturas materiais. Somos seres cognitivos porque somos seres carnais. Nietzsche concordava com isso, enquanto Marx se refere à nossa "consciência sensível".[12] Se nosso pensamento é discursivo, no sentido de que se desenvolve no tempo, é porque nossa vida sensorial também é discursiva. Os anjos, por serem desprovidos de corpo, são uma proposta diferente. Na verdade, Tomás de Aquino não considera, de modo algum, que os anjos sejam seres racionais. Isso não é insinuar que o Arcanjo Gabriel está fora de si, simplesmente que o jogo de linguagem da racionalidade se aplica tanto a ele como a um vidro de picles. John Milton, para quem os anjos são seres encarnados que fundem completamente seus corpos no ato sexual, tem uma visão diferente.

A identidade humana é uma questão corporal. Tomás de Aquino teria acreditado na existência da alma desencarnada de Michael Jackson, mas não teria considerado que ela fosse Michael Jackson. É, por assim dizer, Michael Jackson esperando para se tornar ele mesmo novamente por meio da transformação corporal na ressurreição geral, de uma maneira bem mais dramática que em suas inúmeras reencarnações corpóreas quando estava vivo. (Aliás, Wittgenstein se diverte, ironicamente, com a ideia de a alma "deixar" o corpo no momento da morte. Como algo imaterial pode deixar algo material? Ele também nota como é absurdo supor que a eternidade vai começar quando morrermos. Como a eternidade pode começar?) Um dos perigos de tomar o eu por uma alma desencarnada é que então podemos nos sentir livres para tratar os outros como corpos sem alma. Se o corpo é apenas um pedaço de matéria sem espírito, não há nada de especialmente errado em frequentar bordéis ou explorar trabalho escravo. Ao agirmos assim, não estamos prejudicando a alma de ninguém – supondo que, antes de mais nada, os escravos tenham alma, algo de que muitos donos de escravos deixaram margem à dúvida. Tess Durbeyfield, de Thomas Hardy, uma mulher cujo corpo é explorado pelos outros

---

12 Marx, *Early Writings*, p.355.

Materialismo

para obter vantagens tanto sexuais como econômicas, enfim recorre à tática desesperada de se dissociar inteiramente dele, separando-o daquilo que Hardy chama de seu testamento em vida. A esquizofrenia, uma condição na qual podemos sentir que nosso corpo é um apêndice estranho, pode ser uma derradeira estratégia de sobrevivência num mundo predador.

Para Tomás de Aquino, a alma é apenas o modo específico em que uma criatura se organiza, como sua forma de vida se diferencia da de outros organismos. Marx posteriormente irá concordar com isso. Nesse sentido, é irônico que a maioria daqueles que louvam a diferença e a diversidade não estejam interessados na ideia. "Todo o caráter de uma espécie", declara Marx, "[...] reside na natureza da sua atividade vital, e a atividade consciente livre constitui o caráter da espécie humana."[13] Portanto, os leitores mais sensíveis deste livro gostarão de saber que os texugos de fato têm alma, já que eles gozam de uma forma peculiar de existência, embora sua alma seja diferente da alma de uma lesma ou da alma de um membro do Partido Republicano. Contudo, o que deixaria Tomás de Aquino um pouco preocupado é a ideia de que os texugos ou os seres humanos "têm" almas, que estão "unidas" a seus corpos. Era essa espécie de platonismo que ele contestava, e ele se viu em maus lençóis com as autoridades eclesiásticas por agir assim. Como escreve Maurice Merleau-Ponty, "a união do corpo com a alma não é um amálgama entre dois termos mutuamente estranhos, sujeito e objeto, causada por um decreto arbitrário. Ela é encenada a cada instante no movimento da existência".[14] É a nossa vida que desconstrói a diferença entre os dois, o que não significa necessariamente dizer que eles se fundem harmoniosamente um no outro. Já vimos que cabe ao corpo expressivo ser capaz de se objetivar, consciente de que a sua carne é, em certa medida, incontrolável e obscura. É que nós simplesmente

---

13 Ibid., p.328.
14 Merleau-Ponty, *Phenomenology of Perception*, p.102.

não sentimos que a resistência do corpo ao espírito vem de um lugar desencarnado dentro dele.

* * *

Assim, um dos maiores teólogos cristãos se mostra, em determinados aspectos, um ardente materialista. Isso não é de todo surpreendente, já que o próprio cristianismo é, de certa forma, uma religião materialista. A doutrina da Encarnação significa que Deus é um animal. Ele está presente no pão e no vinho, elementos comuns da Eucaristia, na atividade banal de mastigar e digerir. A salvação não diz respeito principalmente a cultos e rituais, mas à alimentação dos famintos e ao cuidado dos doentes. Jesus passa a maior parte do tempo recuperando a saúde de corpos humanos machucados e de mentes perturbadas. O amor é uma prática material, não um sentimento espiritual. Seu paradigma é o amor pelos estrangeiros e pelos inimigos, o que dificilmente é muito glamouroso. Wittgenstein observa, de forma provocativa, que "o amor não é um sentimento", embora, nesse caso, ele não tenha em mente o anonimato da caridade propriamente dito.[15] Ele quer dizer que o amor não é algo que se possa sentir por apenas oito segundos, como se pode sentir dor. Não faria sentido dizer "Isso não poderia ter sido dor, ou não teria passado tão depressa", mas faria sentido dizê-lo a respeito do amor. Não é possível se apaixonar intensamente por alguém somente durante o tempo que se leva para pôr o gato para fora. O amor é disposicional e situacional, está inserido num contexto e numa narrativa. Mesmo assim, embora neste caso Wittgenstein não esteja pensando no Evangelho cristão, "o amor não é um sentimento" é uma afirmação que este certamente endossaria.

A materialidade é abençoada pelo cristianismo porque é criação de Deus. James Joyce era fã de Tomás de Aquino, e *Ulisses*, um romance ao qual nada de corpóreo é estranho, é, em certo sentido,

---

15 Ver Wittgenstein, *Zettel*, par.504.

um texto tomista. A crença cristã é na ressurreição do corpo, não na imortalidade da alma. A união sexual dos corpos é, na visão de São Paulo, um prenúncio do Reino de Deus. O Espírito Santo não é um espectro sagrado, mas uma força dinâmica que abala e transforma a face da Terra. A fé não é um estado mental solitário, mas uma convicção que brota do compartilhamento da forma de vida prática e comunitária conhecida como Igreja. Ela é loucura para os gregos de espírito elevado, um assunto carnavalesco que opõe a vida comum às ideias herméticas, enaltecendo os humildes e derrubando os poderosos de seus tronos. Ela consiste principalmente num compromisso com a morte, não num conjunto de afirmações teóricas. Mesmo Friedrich Nietzsche, que considerava o cristianismo a maior catástrofe que já tinha acontecido à humanidade, pensava que o reduzir "à defesa de que algo deve ser verdade, a uma simples fenomenalidade da consciência", era caricaturá-lo.[16] Em seu centro se encontra um humilde viajante que denuncia violentamente os ricos e poderosos e convive com vigaristas e prostitutas. Como a sua solidariedade com os pobres constitui uma fonte de aborrecimento para a elite clerical e política, ele acaba sofrendo o tipo de morte horrível que o poder imperial romano reservava aos rebeldes políticos.

Tomás de Aquino tem uma concepção um pouco mais sutil da matéria que os materialistas mecânicos. Como diz Denys Turner, sua objeção a esses materialistas "era que eles simplesmente não eram muito bons na questão da matéria".[17] Turner observa que existe "muito mais na própria matéria do que aquilo que os olhos de um materialista mediano veem hoje.[18] Ele escreve que os seres humanos são, na visão de Tomás de Aquino, "matéria articulada, substâncias que falam".[19] Ele se queixa de que os "materialistas de hoje acredi-

---

16 Friedrich Nietzsche, *The Twilight of the Idols* e *The Anti-Christ*, p.151.
17 Turner, *Thomas Aquinas*, p.52.
18 Ibid., p.51.
19 Ibid., p.90.

tam que a matéria é tudo que existe, e que a matéria é de uma estupidez sem sentido, pois todo sentido é discurso *sobre* a matéria, nenhum é a matéria discursando".[20]

O corpo, portanto, é matéria significativa, um aspecto que se aplica tanto aos dingos como aos humanos. Inteligência prática é, na maioria das vezes, inteligência corporal. Uma criança pequena que ainda não sabe falar se estica para agarrar um brinquedo, e o gesto é intrinsecamente significativo. Pode-se dizer que ele pertence a uma camada de significação pré-somática inscrita em nossa própria carne. O significado se agarra à ação como o forro se agarra à luva. Ele está embutido no gesto material. Não se trata apenas da interpretação de um observador do ato. Nem é uma questão da própria concepção da criança, já que ainda lhe faltam os instrumentos para formulá-la. Porém, se o corpo é matéria articulada, isso também não se aplica a uma mangueira ou a um anão de jardim? É claro que as mangueiras não conseguem falar, mas elas são pedaços de matéria articulada, no sentido de serem estruturadas de forma significativa. No entanto, são os seres humanos que as projetam, marcando a matéria inerte de borracha e metal com intencionalidade, moldando-a para desempenhar uma função. Seja como for, o corpo humano não está apenas inscrito de significado; ao contrário dos anões de jardim, ele também é a fonte do significado.

Na visão de Tomás de Aquino, a matéria é o princípio da individuação. O que o torna você mesmo e não outra pessoa é o pedaço específico de material que você é. Na verdade, "corpo" pode ser um termo arcaico para "pessoa", como "a governanta era um corpinho asseado e de olhos brilhantes". Nesses usos peculiares, paira uma concepção não cartesiana da pessoa humana. O uso, porém, pode ser um pouco enganador, já que ter um corpo humano é uma condição para ser uma pessoa, não sinônimo de pessoa. O corpo é dado, ao passo que se tornar uma pessoa é um projeto histórico penoso, a ser executado de

---

20 Ibid., p.97.

Materialismo

maneira magnífica, atroz ou indiferente. Porém, a verdade é que, para Tomás de Aquino, eu não sou eu mesmo porque tenho um certo tipo de corpo ou de alma, mas por causa da porção específica de carne de que sou feito. É isso que separa um membro de uma espécie de outro. Se as almas humanas se diferenciam umas das outras, é porque elas animam corpos diferentes. Contudo, o que nos individualiza também nos une. Ter um corpo humano é desfrutar de uma forma de solidariedade com as outras criaturas da própria espécie.

Tomás de Aquino é um materialista epistemológico e somático. Para ele, todo o nosso conhecimento brota do nosso envolvimento com a realidade material. Essa história de Deus, por exemplo, deriva analogicamente daquilo que sabemos a respeito do mundo que nos rodeia. Se, como ele sustenta, a metáfora é o modo de discurso mais adequado aos seres humanos, é porque ela confere significado ao modo sensorial, que é onde nós, espécies carnais, nos sentimos mais à vontade. Porém, apesar de toda a sua insistência nos sentidos, Tomás de Aquino não defende, como fazem os empíricos, que a mente é simplesmente um receptáculo passivo dos chamados dados sensoriais. Pelo contrário, ele ensina que o intelecto compreende ativamente a realidade, sendo, assim, uma forma de prática em si mesmo.

Existe um paralelo aqui entre as epistemologias de Tomás de Aquino e de Marx. Tomás de Aquino considera que qualquer "dado sensorial" é uma abstração da concretude complexa de nossa experiência como um todo. Como diz Denys Turner, "o intelecto reúne em atos de compreensão a experiência 'abstrata' de cada um dos sentidos, capturando assim as realidades concretas e densas nas quais se encontram seu significado".[21] Marx, na mesma linha, escreve em *Grundisse* que a compreensão humana "progride" do abstrato para o concreto. Nós em geral pensamos que o abstrato é sublime e hermético e o concreto é simples e banal, mas os dois pensadores sustentam essa antítese contrária. Para Marx, o pensamento começa com

---

21 Ibid., p.89.

categorias abstratas como o dinheiro, que, na sua opinião, são simples conceitos, passando então a sintetizá-las em realidades complexas como um modo de produção histórico. Esses fenômenos é que são realmente concretos, uma palavra que significa literalmente a convergência de características diferentes.

Os crocodilos também são pedaços de matéria significativos, e a razão não está confinada à humanidade. Outros animais também têm essa capacidade, como Tomás de Aquino admite de bom grado. Na verdade, para ele, ser animal é ser racional. A razão é apenas o tipo de faculdade apropriada para essas formas orgânicas de vida, ao contrário, digamos, do intelecto dos anjos. Um cão que caça lobos pode ser guiado por crenças e razões. Ele pode não ser capaz de abrir uma caderneta de poupança nem se filiar ao movimento das bandeirantes, mas certamente pode concluir que, como um passeio está fora de cogitação, é melhor poupar o fôlego e parar de latir. Sua capacidade de raciocínio, porém, está basicamente confinada ao seu entorno imediato, algo que também acontece com os bebês. Os bebês conseguem raciocinar, mas não conseguem elaborar proposições de brilho einsteiniano. O cachorro tampouco consegue avaliar criticamente seu próprio comportamento, um automonitoramento que exige o tipo de autorreflexão que só a linguagem pode oferecer. Resumindo, ele não pode ser um animal moral, do mesmo modo que um bebê também não pode. (Ou, a propósito, Deus, que nenhum teólogo conceituado consideraria um ser moral.) Os bebês não podem se perguntar se teria sido melhor não terem nascido, embora seus irmãos mais velhos possam muito bem ter uma opinião sobre o assunto. Uma mãe passarinha não pode rejeitar o instinto que a impele a alimentar seus filhotes. Ela não pode ficar estarrecida com a inutilidade existencial do projeto todo e voar para as Bahamas.

O que faz a diferença para Tomás de Aquino é que os seres humanos são animais linguísticos, além de sensoriais. É isso que é a principal marca de nossa racionalidade. Nossas sensações são mediadas pela linguagem, o que não acontece com as sensações da lesma; e é

Materialismo

isso, acima de tudo, que nos permite um grau de autodistanciamento e, portanto, de autorreflexão crítica. Os sistemas de sinais dos golfinhos são incrivelmente complexos, mas é difícil não sentir que eles são ofuscados pelas obras de Proust. A linguagem nos permite ficar mais próximos uns dos outros do que a simples proximidade física. Os namorados que conversam até tarde da noite são mais próximos do que aqueles que simplesmente têm relações sexuais. Da mesma forma, porém, animais linguísticos podem causar muito mais estragos que os não linguísticos. Os esquilos não podem cometer genocídio, a menos que sejam extremamente dissimulados a esse respeito. Eles têm um raciocínio muito básico para fazê-lo. Mas eles também não podem criar *Don Giovanni*, e pelos mesmos motivos. Giorgio Agamben argumenta em *O aberto* que a humanidade é constituída pelo distanciamento, pelo controle e pela destruição da sua própria animalidade, mas ele não diz muito sobre como essa auto-objetivação pode ser tanto uma fonte de valor como uma causa de calamidade.[22]

Em *Investigações filosóficas*, Wittgenstein faz a célebre declaração de que se o leão pudesse falar nós não seríamos capazes de compreender o que ele diria.[23] Não poderíamos encontrar um tradutor fluente em lionês e pôr um par de fones de ouvido? Não na visão de Wittgenstein. Para ele, a forma material de vida do leão é simplesmente distante demais de nossa para que o diálogo seja possível. Devido à sua fisiologia, o leão não organiza o mundo da maneira que fazemos. Em *Vontade de potência*, Friedrich Nietzsche supõe igualmente que os outros animais habitam esferas estranhas à nossa, e, em consequência, não demonstra nenhum interesse em conversar com os pinguins. Tal como Tomás de Aquino, ele acredita que pensamos como o fazemos por causa do tipo de corpo que temos. Um tipo diferente de corpo nos produziria um tipo diferente de mundo. Wittgenstein, porém, pode estar enganado ao supor que essas esferas são

---

22 Giorgio Agamben, *The Open: Man and Animal*.
23 Wittgenstein, *Philosophical Investigations*, p.223.

Os texugos têm alma?

mutuamente incompatíveis. Alasdair MacIntyre, por exemplo, afirma que, se os golfinhos pudessem falar, os especialistas em seu comportamento poderiam muito bem ser capazes de compreendê-los.[24] Para Martin Heidegger, também, existe uma sobreposição entre nosso próprio mundo e o mundo das criaturas não linguísticas – um exemplo sintetizado em sua impressionante declaração de que "o cão [...] realmente sobe a escada conosco".[25] (Heidegger é irresistivelmente divertido quando fala, com seu tom oracular e seu estilo filosófico bombástico, em subir a escada com um cachorro.)

Sejam quais forem nossas diferenças dos animais, nossas próprias formas de raciocínio estão, na opinião de Tomás de Aquino, profundamente arraigadas em nossa natureza animal, motivo pelo qual ele não é, de modo algum, o racionalista árido que alguns consideraram. Como nosso pensamento está enredado com nossa existência sensorial e emocional, ele fatalmente irá se diferenciar do "pensamento" de um computador inteligente, que não tem vida sensorial nem emocional com a qual sua "mente" possa se enredar. Os primeiros produtos dos seres humanos, ao contrário, são materiais e emocionais: afeto, sono, indiferença, leite materno, contato humano, ausência de desconforto etc. Dessas raízes humildes cresce a gratidão muda do bebê a seus cuidadores, a qual, por sua vez, planta as sementes daquilo que conhecemos como moral. É sobre essa base feita de carne e sangue que finalmente passamos a pensar, e nosso pensamento continuará a ser sustentado por ela. É verdade, porém, que, se pensarmos de maneira suficientemente elaborada, podemos vir a subestimar essa infraestrutura material e emocional, uma condição vulgarmente conhecida como filosofia.

O raciocínio está entrelaçado com nossos projetos práticos, mas esses projetos não são, eles mesmos, questões puramente racionais. O objetivo final de toda ação humana é a felicidade ou o bem-estar;

---

24 Ver MacIntyre, *Dependent Rational Animals*, p.59.
25 Martin Heidegger, *The Fundamental Concepts of Metaphysics*, p.210.

Materialismo

mas embora o trabalho cansativo de aprender a se satisfazer envolva a razão, ele não se reduz a ela. Isso não é porque a racionalidade seja um assunto clínico e desapaixonado. Ser racional é se esforçar em enxergar uma situação como ela realmente é, uma empreitada extenuante que implica erguer o olhar acima de nosso narcisismo e egoísmo endêmicos.[26] Ela também exige paciência, persistência, criatividade, sinceridade, humildade, a coragem de admitir que se está errado, a disposição de confiar nos outros, a recusa de fantasias anódinas e ilusões interesseiras, a aceitação daquilo que pode ser contrário a nossos próprios interesses e assim por diante. Nesse sentido, a objetividade é uma questão moral. Ela não tem nada a ver com um desprendimento frouxo. Pelo contrário, é de nosso interesse ser racional. Pode ser até uma questão de sobrevivência. Estar aberto à realidade de uma situação é demonstrar uma preocupação desinteressada por ela, e a preocupação desinteressada por aquilo que existe além do ego exacerbado é conhecida tradicionalmente como amor. Nesse sentido, o amor e o conhecimento são aliados, uma afinidade mais evidente quando se trata do conhecimento de outras pessoas. Só podemos conhecer os outros através da sua autorrevelação voluntária, que, por sua vez, implica confiança, ela mesma uma forma de amor.

Como os pensamentos, os sentimentos podem ser racionais ou irracionais. Eles podem ser adequados à natureza do seu objeto, ou podem ser desproporcionais a ele, como no caso do sentimentalismo. É racional lamentar a morte de um ente querido, mas é irracional pular de um penhasco quando seu *hamster* de estimação dá o último suspiro. Mesmo assim, a razão não ocupa todo o espaço. É verdade que, a menos que você possa oferecer motivos pelos quais ama alguém, é difícil perceber como você mesmo pode saber que ama. É preciso apresentar razões da afeição por outra pessoa: que ela tem muito dinheiro, que ela faz Kate Winslett parecer o King Kong, que ela é extremamente tolerante com homens preguiçosos e narcisistas,

---

26 Ver John Macmurray, *Reason and Emotion*, p.7.

e assim por diante. Ainda assim, a cumplicidade entre amor e razão não é completa. Afinal de contas, um terceiro poderia reconhecer a força do seu raciocínio sem estar apaixonado pela pessoa. Por fim, o amor e o bem-estar transcendem a razão, mas eles fracassam se a jogam para o alto. O mesmo se aplica às relações entre razão e fé.

Uma racionalidade que não é baseada na vida prática e sensorial não é apenas imperfeita: ela não é, de modo algum, racional. A razão desvinculada dos sentidos é uma forma de loucura, como o Rei Lear descobre. Um nome para o que podemos chamar de racionalidade sensível é o estético, que primeiro vê a luz do dia não como uma conversa sobre arte, mas como um discurso do corpo.[27] Ele representa uma tentativa da parte de uma forma muito frouxa de razão iluminista de incorporar o que poderíamos chamar de lógica dos sentidos. A estética moderna tem início como uma tentativa de levar de volta o corpo para uma forma de racionalidade que corre o risco de expeli-lo como excesso de bagagem. É acima de tudo na obra de arte que o trabalho racional e o trabalho sensorial conspiram juntos de forma proveitosa. No entanto, o estético não é simplesmente um suplemento da razão, como o Iluminismo tendia a acreditar. Em primeiro lugar, sem reconhecer sua origem na vida sensorial, a razão não pode ser devidamente racional. Uma racionalidade nitidamente humana é a que é sensível às necessidades e aos limites da carne.

A relação entre razão e estética não se limita a isso. A obra de arte também é um modelo daquilo que Aristóteles chama de práxis, isto é, os tipos de atividades cujos benefícios são internos a elas.[28] A menos que você seja tão talentoso como Joshua Bell, não há nenhum motivo para tocar o violino além do tipo peculiar à própria atividade. É uma forma de prática autofundamentada, autoconstituída e auto-validada. Rir, contar piada, dançar, fazer amor, tocar flauta irlandesa, colecionar pratos de sopa de porcelana absurdamente caros e beber até

---

27 Ver Terry Eagleton, *The Ideology of the Aesthetic*, cap.1.
28 Ver Alasdair MacIntyre, *After Virtue*.

Materialismo

cair não o levam a lugar nenhum. A racionalidade que os governa não é instrumental. Não se trata essas atividades simplesmente como um meio para chegar a um fim diferente delas, tal como arrebentar o para--brisa de um carro para pegar uma bolsa Louis Vuitton do assento do passageiro. É verdade que a arte pode ser instrumental no sentido de enriquecer nossa percepção da vida humana, mas ela só pode sê-lo de maneira eficaz se nossa atenção estiver firmemente concentrada na própria obra de arte – naquilo que Marx chamava de seu valor de uso, e não em seu valor de troca. Seu significado e seu valor são inseparáveis de seu desempenho real, o que, aos olhos de Aristóteles, também se aplicava à prática da virtude.

De maneira geral, esses tipos de atividade são os mais valiosos. É verdade que algumas ações instrumentais são igualmente respeitáveis (alimentar os famintos, por exemplo), e sem algum tipo de racionalidade instrumental nunca seríamos capazes de livrar o mundo das armas químicas. Nem a maioria de nós seria capaz de sair da cama, uma condição indispensável para livrar o mundo das armas químicas. Mesmo assim, a maioria de nossas realizações encontra seus fins dentro delas mesmas. Para usar de novo uma expressão idiomática teológica, elas existem simplesmente por puro prazer. Quando nos envolvemos nessas aventuras, estamos sendo o mais racionais possível. A razão deixa de ser um simples instrumento ou dispositivo calculista e se torna uma forma de autorrealização que é valorizada por si mesma.

Por outro lado, a ação instrumental corre o risco de passar por cima das qualidades sensórias e afetivas das coisas em nome da concretização de um objetivo. Nós não nos demoramos carinhosamente sentindo a forma e a textura de nosso bilhete ferroviário antes de entregá-lo, relutantes, ao fiscal. Para o marxismo, o capitalismo implica uma orgia consumista dos sentidos; no entanto, ele também é, paradoxalmente, um estilo de vida árido e ascético, já que os objetos materiais são despojados da sua essência e reduzidos à condição abstrata de mercadoria. Como veremos logo mais, uma abstração semelhante recai sobre o corpo humano. Bertolt Brecht sonhava com um futuro em que o pensamento pudesse se tornar um verdadeiro prazer sensorial; e os socialistas costumam esperar pelo dia em que a razão instrumental, embora ainda absolutamente indispensável para as questões humanas, exerça uma influência menos despótica sobre nossas vidas. O pensamento político radical está de fato a serviço da prática política; mas essa prática aspira a uma condição na qual possamos ser mais livres para usufruir da razão por si mesma. Os socialistas que promovem a marca de um utilitarismo de esquerda (a teoria só pode ser justificada se resultar em mudança concreta, de preferência nas próximas horas) não conseguem perceber que nós só estaríamos verdadeiramente emancipados quando não sentíssemos mais a necessidade de pedir desculpas pelo exercício da razão diante de um tribunal carrancudo da utilidade histórica.

3
A emancipação dos sentidos

Não existem provas de que Karl Marx estivesse em débito com Tomás de Aquino, embora Friedrich Nietzsche cite exaustivamente o teólogo santo em *Genealogia da moral*. Marx não era o fã mais ardoroso da teologia medieval. Mesmo assim, já vimos que existem alguns paralelos intrigantes entre os dois pensadores, o que provavelmente pode ser atribuído ao fato de que ambos foram influenciados por Aristóteles. Marx também é um materialista somático cujo ponto de partida é a vida humana ativa, sensorial e concreta. Ele não está preocupado com o materialismo ontológico, no sentido de perguntar do que é feito o mundo, e certamente teria descartado a questão como futilmente metafísica. Ele tinha um jeito mordaz de lidar com o que considerava ideias extravagantes. Como Nietzsche e Wittgenstein, Marx era um filósofo com um profundo desprezo pela filosofice. Seu colega Friedrich Engels era um materialista no sentido filosófico padrão do termo, mas o próprio Marx não era. Para ele, o campo da investigação materialista era a história e a sociedade.

Ao adotar a abordagem que adotou, Marx considerava que estava inaugurando um novo estilo de materialismo. Todo o materialismo anterior, ele afirma na primeira das suas teses sobre Feuerbach, cometeu o engano de conceber "a coisa, a realidade, a sensibilidade [...] apenas sob a forma de objeto ou de intuição, mas não como atividade sensível, prática, não subjetivamente".[1] Ele sustenta que seu compatriota Feuerbach tinha razão em começar da natureza corporal da humanidade. O problema foi que ele não compreendeu que essa natureza era ativa. Para ele, como para os empiristas, os sentidos continuam sendo essencialmente órgãos passivos, ao passo que para Marx eles são características constitutivas da prática humana, formas de envolvimento com o mundo. É verdade que os empiristas baseiam o conhecimento e a atividade humana no corpo, como faz o próprio Marx; o problema na visão deles é que eles têm uma concepção falsa do corpo. Termos como "dados sensoriais" e "impressões sensoriais", para não falar da estranha ideia de que os conceitos são imagens em nossa cabeça, revelam uma visão reificada do que é a carne e o sangue. Wittgenstein irá questionar posteriormente a ideia de que nossos sentidos de algum modo nos "informam" ou nos produzem "provas" de nosso entorno. Além disso, devido à sua lealdade obstinada aos sentidos, o pensamento empirista tem dificuldade de explicar como se passa deles para as ideias. Se existe muito pouco corpo no racionalismo, ele está presente em excesso no empirismo.

Marx chega até a falar que os sentidos são "teóricos em sua práxis imediata",[2] querendo dizer que, como a reflexão teórica, eles são capazes de se relacionar com os objetos por eles mesmos, não com um objetivo funcional. O modelo disso é o estético. Em geral se supõe que ver algo de maneira estética significa vê-lo contemplativamente; para Marx, porém, a verdadeira oposição não está entre o prático e o estético, mas entre ambos, de um lado, e o instrumental ou utilitário, de outro. Respeitamos as qualidades específicas das coisas, que é o campo do estético, quando empregamos essas coisas com os

---

1 Theses on Feuerbach, em Marx e Engels, *The German Ideology*, p.121.
2 Marx, *Early Writings*, p.352.

A emancipação dos sentidos

objetivos práticos para os quais elas foram moldadas. É isso que Marx quer dizer com valor de uso. Portanto, o prático e o estético estão intimamente ligados, que não é como costumamos pensar na questão. O valor de troca e a razão instrumental, por outro lado, usam os objetos simplesmente como instrumentos para atingir um objetivo, desprezando sua especificidade sensorial.[3] Nesse sentido, apesar de toda a sua orientação prática, eles são forças desmaterializadoras.

Marx argumenta que nossas capacidades sensoriais não estão fixadas e dadas, mas que elas têm uma história complexa própria. Elas evoluem à medida que a humanidade começa a trabalhar no mundo material, transformando sua própria constituição sensorial durante o processo. O corpo, um fenômeno natural, também é, portanto, um produto social, como é a maioria das coisas que vemos, tocamos e experimentamos. "Mesmo os objetos da mais 'simples certeza'", escreve Marx em *A ideologia alemã*, "são dados [à humanidade] apenas através do desenvolvimento social, da indústria e do intercâmbio comercial."[4] Ele parece ter esquecido momentaneamente que as estrelas, as cachoeiras, as cabras montesas, entre outras coisas, são objetos de certeza sensorial, mas não são produtos sociais. A história da indústria, no sentido mais amplo do termo, é "o livro aberto das forças essenciais humanas, a psicologia humana presente sensivelmente".[5] É como se a história da autoprodução humana, num sentido do termo que inclui cheirar uma rosa e comer um pêssego, fosse o corpo material no qual o espírito humano está encarnado. O que de um ponto de vista é uma acumulação de forças produtiva também é, visto de outro ângulo, a história do sensório humano. As capacidades sensoriais e as instituições sociais são lados da mesma moeda.

---

3 Discuti esses assuntos de forma mais detalhada em meu artigo Bodies, Artworks, and Use Values, *New Literary History*, p.561-73.

4 Engels e Marx, *The German Ideology*, p.62.

5 Marx, *Early Writings*, p.354 (tradução inglesa ligeiramente retificada pelo autor do livro).

Materialismo

O relacionamento entre elas, porém, tem sido tumultuado. Inúmeros conceitos marxistas chave – fetichismo, reificação, alienação, comodificação – assinalam um problema nessa área. Numa violação curiosa das relações entre matéria e espírito, o fetichismo, a ilusão e a abstração são, na visão de Marx, incorporados à estrutura da realidade social, e podem passar a exercer um poder incomum sobre ela. Estamos lidando aqui com ilusões eficazes, não fantasias vãs. Existem poucas atividades mais palpáveis que o trabalho; no entanto, até mesmo este, assim diz Marx, se torna abstrato nas condições capitalistas, já que se trabalha menos para produzir objetos específicos do que para gerar lucro. As mercadorias, também, são fenômenos abstratos, simples meios de troca; no entanto, numa sociedade de mercado suas interações realmente determinam o destino de indivíduos de carne e osso. Uma flutuação na bolsa de valores pode deixar milhares sem emprego. A ideologia pode negociar com espectros e ilusões; no entanto, se com isso ela nos distrai da necessidade de mudança política, ela é bem real.

Mesmo as atividades sensoriais mais básicas pressupõem um cenário material de peso. Por trás do toque e da degustação existe toda uma crônica do comércio humano com o mundo. Feuerbach, por outro lado, não consegue perceber que a realidade material que o rodeia é *produzida* sensorialmente e, portanto, é social e histórica. Marx observa, com sarcasmo, que se essa produção fosse suspensa durante apenas um ano Feuerbach logo descobriria que o mundo humano inteiro tinha deixado de existir junto com ele. Por outro lado, seu próprio ponto de partida não é simplesmente a natureza material da humanidade, mas os homens e as mulheres como *agentes* materiais. Apresentando uma fartura de adjetivos, ele se refere aos indivíduos humanos como seres "corpóreos, vivos, reais, sensíveis e objetivos".[6] Eles são corpos ativos, não coisas pensantes, criaturas que só conhecem o mundo como ele se manifesta dentro do contexto das suas

---

6 Ibid., p.352.

A emancipação dos sentidos

atividades práticas. Como escreve Jürgen Habermas, "a objetividade dos possíveis objetos de experiência está baseada [para Marx] na identidade de um substrato natural, principalmente o da organização corporal do homem, que é voltada para a ação".[7]

Portanto, para Marx, o trabalho, ou a produção de um modo mais geral, é uma categoria epistemológica e também social e econômica. Aquilo que para o filósofo são possíveis objetos da experiência, para o materialista, são frutos da atividade produtiva, e é isso que assegura a sua objetividade. Conhecemos as coisas através de seu processo de moldagem. É por isso que Marx desenvolve o que Habermas chama de "uma teoria antropológica do conhecimento".[8] Em primeiro lugar, não é o pensamento ou a linguagem que nos provê um mundo, mas as forças produtivas constitutivas do mundo, num sentido rico e amplo do termo, às quais o pensamento e a linguagem estão ligados.

Começar com a ação humana é eliminar a diferença entre sujeitos e objetos, já que a prática é uma questão material, embora marcada pelo espírito (motivos, valores, propósitos, interpretações etc.). Também é relaxar a tensão entre natureza e história, dado que o corpo pertence a ambas as esferas simultaneamente. Marx ressalta a condição ambivalente do corpo quando escreve que a produção material e sexual é duplicada nesse aspecto.[9] "A produção da vida", ele escreve, "tanto da própria vida no trabalho como da vida nova na procriação [...] aparece como uma relação dupla: por um lado como uma relação natural, por outro como uma relação social."[10] A humanidade,

---

7 Jürgen Habermas, *Knowledge and Human Interests*, p.35-6. Para uma crítica excelente de Marx nesse aspecto, uma crítica que censura seu menosprezo inicial tanto pela ciência como pela objetividade, ver Andrew Feenberg, *The Philosophy of Praxis: Marx, Lukács and the Frankfurt School*, especialmente o cap.3.

8 Habermas, *Knowledge and Human Interests*, p.41.

9 Marx e Engels, *The German Ideology*, p.50.

10 Ibid., p.50. Para uma discussão proveitosa deste tópico, ver John Bellamy Foster, *Marx's Ecology: Materialism and Nature*.

Materialismo

ele observa, tem "uma natureza histórica e uma história natural".[11] Se ele se recusa a colapsar a cultura dentro da natureza, ele está ciente de que colapsar a natureza dentro da cultura é um movimento igualmente reducionista.

Marx pode começar com os seres humanos como agentes materiais, mas não é exatamente aí que ele acaba. O futuro autor de *O capital* continua acreditando que a emancipação política diz respeito a essas criaturas de carne e osso, mas isso não significa que nossa análise deva começar por elas. Na verdade, *O capital* não está nem um pouco preocupado com os indivíduos. Ele os trata, para a sua finalidade de diagnóstico, simplesmente como os "portadores" de determinadas estruturas sociais e econômicas. À luz disso, pode-se argumentar que o jovem Marx não recua o suficiente. Para que nós sejamos simplesmente agentes sociais, um volume enorme de infraestrutura material já precisa existir. De fato, o próprio Marx reclama que o pensamento idealista não consegue recuar o suficiente. Podemos começar com as ideias, mas, então, de onde elas vêm? O que já precisa ter acontecido aos homens e às mulheres para que eles sejam capazes de refletir? Que forças criam os sujeitos humanos? De modo geral, estas não são perguntas legítimas para aqueles para quem a consciência constitui uma origem ou base absoluta. Poder-se-ia tentar cavar além dessa base, eles podem sustentar, mas o próprio ato de fazê-lo implicaria consciência. Portanto, seríamos culpados do que é conhecido tecnicamente como *petitio principii*, pressupondo o que estávamos querendo explicar.

Nem todos os acólitos de Marx endossam seu argumento a respeito da ação. Em *Sul materialismo* [Sobre o materialismo], Sebastiano Timpanaro pensa que o *maître* se engana ao afirmar que nós só nos relacionamos com a natureza através de nossa ação histórica. O relacionamento também tem uma dimensão passiva. Como já vimos, nossa natureza corporal é a fonte de nossa ação, mas também de

---

11 Engels e Marx, *The German Ideology*, p.63.

A emancipação dos sentidos

nossa suscetibilidade ao dano. Dizer que somos mortais é dizer que nossos corpos trazem dentro deles as sementes da sua ruína final. Ver os homens e as mulheres como animais ativos e criadores do mundo é restaurar-lhes a dignidade que o materialismo mecânico lhes nega, enquanto estar ciente da sua vulnerabilidade impede que essa visão se torne arrogante. Timpanaro nos lembra de características da condição humana como "a brevidade e a fragilidade da vida humana, o contraste entre a insignificância e a debilidade do homem e a infinitude do cosmo [...] a fraqueza produzida pela idade [...] o medo da própria morte e a tristeza diante da morte dos outros".[12] Ele também rejeita como "sofisma idealista" a visão de que, já que a biologia é sempre socialmente mediada, o biológico não é nada e o social é tudo. Ao "sofisma idealista" podemos acrescentar a "conversa fiada culturalista". O fato de que se esvair em sangue possa ser interpretado de maneira diferente por culturas diferentes não significa que a pessoa não esteja se esvaindo em sangue. Não há dúvida de que é gratificante aos apóstolos do relativismo cultural que morramos de uma variedade fascinante de formas, mas seria ainda mais gratificante se não morrêssemos.

Marx está ciente de que o corpo é mortal, sofredor e condicionado por fatores que estão fora do seu controle. Ele se refere, numa obra da juventude, à morte como a maneira de a espécie se revelar ao indivíduo. Mesmo assim, a ação é fundamental para a sua concepção de humanidade. Como observa o filósofo escocês John Macmurray, "nosso conhecimento do mundo é principalmente um aspecto de nossa ação no mundo".[13] Para Marx, a principal forma que essa ação assume é o trabalho. Os homens e as mulheres só conseguem

---

12 Timpanaro, *On Materialism*, p.50.
13 John Macmurray, *The Self as Agent*, p.101. Por seu historicismo e comunitarismo, o pensamento de Macmurray vai contra a ortodoxia filosófica anglo-saxã. O mesmo se aplica a Alasdair MacIntyre, um falante tanto de escocês como de gaélico irlandês, bem como a alguns outros pensadores irlandeses e escoceses. É mais difícil ignorar questões de história e comunidade nas margens do colonialismo.

Materialismo

sobreviver trabalhando em seu ambiente, e é a constituição específica de seus corpos que lhes permite fazê-lo. O fato de serem animais linguísticos, por exemplo, significa que eles podem executar o tipo de trabalho colaborativo necessário para reproduzir sua vida material. O que é fundamental para Marx, então, é o que ele chama de "organização física [dos seres humanos] [...] e a sua consequente relação com o restante da natureza", uma natureza que ele descreve, num determinado momento, como o "corpo inorgânico do homem".[14] A escrita da história, ele insiste, "deve sempre partir dessas bases naturais e da sua modificação no curso da história através da ação dos homens".[15] É o corpo que está na raiz da história humana. Os seres humanos manifestam uma natureza material (ou "ser-espécie", como Marx a chama) que inclui a capacidade de se perceber e de se reproduzir, e, ao fazê-lo, de transformar sua condição de existência. É este o significado de ter uma história.

O paradoxo, portanto, é que é devido a suas características antropológicas determinadas que os humanos são criaturas históricas. Afirmar que eles têm uma natureza específica não é sugerir que eles são a-históricos. Pelo contrário, é insistir que eles não poderiam deixar de ter uma história mesmo se tentassem – que eles são sempre e sem exceção seres históricos. Ser histórico não é historicamente relativo. Tem gente que teme que isso é transformar Marx numa figura extremamente antiquada. No entanto, se o que se entende por isso é que a transformação faz parte de nossa essência, não simplesmente uma característica contingente de nossa condição, então não existe motivo para recusar o rótulo. De todo modo, muitos antiessencialistas também eram antiesquerdistas. O antiessencialismo nem sempre está, de modo algum, do lado dos anjos da política.

A crença que determinados aspectos da humanidade permanecem mais ou menos constantes não está entre as características mais

---

14 Marx, *Early Writings*, p.50.
15 Engels e Marx, *The German Ideology*, p.42.

A emancipação dos sentidos

amplamente divulgadas do pensamento de Marx. Em vez disso, ele geralmente é visto (sobretudo por seus discípulos) como um historicista puro-sangue – para quem todos os fenômenos são históricos de cabo a rabo, e, portanto, tanto mutantes como mutáveis. Isso, felizmente, não é verdade. Seria uma pena se um levante histórico memorável resultasse no desaparecimento completo do desejo humano por justiça. A mutabilidade não é, de modo algum, um bem em si mesmo. O desaparecimento dos tiranos é positivo, mas não o dos defensores da liberdade. Poucos adeptos de fluxos e processos comemoram a perda da memória. Marx é, de fato, um historicista, mas não puro-sangue. Seja como for, de modo algum todo historicismo é politicamente radical. Ele tem sido, ao menos, tanto uma doutrina de direita como de esquerda. Situar um fenômeno em seu contexto histórico não significa que se tomou uma decisão política. Marx certamente acredita em realidades imutáveis, uma das quais é a necessidade de trabalhar. Ele se refere a ela em *O capital* como uma verdade "eterna" da existência humana. Anjos e aristocratas não precisam trabalhar, nem os pavões, mas a humanidade em geral pereceria sem trabalho. O socialismo implica a diminuição da jornada de trabalho e a eliminação dos trabalhos degradantes, mas ele não poderia abolir a necessidade de trabalhar.

Existem muitas características da humanidade – linguagem, morte, doença, medo, produção, risada, sexualidade, tristeza com a perda de entes queridos, a alegria da companhia uns dos outros etc. – que são naturais à espécie.[16] Já que elas implicam o tipo de seres materiais que nós somos, é perverso da parte dos autoproclamados materialistas negar o fato. Um nome da prioridade da natureza sobre a cultura é a morte. Alguns socialistas ficam nervosos com tais afirmações porque elas podem sugerir que nada na condição humana pode ser alterado.

---

16 Ver Norman Geras, *Marx and Human Nature: Refutation of a Legend*, uma obra que argumenta que Marx de fato tem um conceito da natureza humana e que ele tinha toda razão em tê-lo.

Materialismo

E essa "naturalização" do histórico é um artifício familiar das ideologias dominantes. Mas o fato de que a morte é natural não significa que mandar o filho para Eton* também seja. Kate Soper adverte que falar de, digamos, doença como parte da condição humana é correr o risco de reduzir a história à natureza, considerando a degradação do corpo como algo simplesmente predestinado.[17] Desse modo, isso encoraja os adversários políticos. É mais ou menos como afirmar que os radicais não devem fazer referência aos cartistas nem às *suffragettes*, já que qualquer referência positiva à tradição pode ser confundida com o carinho pela Troca da Guarda. Seja como for, nem toda ideologia é, de modo algum, naturalizadora, e nem toda natureza é, de modo algum, insensível à mudança.

Ainda assim, é verdade que a concepção de corpo de Marx tem seus limites. Como observa Raymond Williams:

> no que diz respeito ao marxismo clássico, é verdade que ele desprezou, pagando um grande preço por isso, não apenas as condições físicas humanas básicas [...] mas também as condições e situações emocionais que constituem uma parte tão grande de todo relacionamento humano direto e de toda prática humana direta. Problemas de sexualidade, incluindo a sexualidade problemática, estão entre as omissões mais importantes.[18]

Existe algo de verdadeiro nessa crítica, apesar do fato de haver pensadores marxistas (William Morris, Reich, Fromm, Adorno e Marcuse, entre outros, para não mencionar toda uma constelação de feministas marxistas) que escreveram com clareza sobre essas questões. Também vale a pena ressaltar que, desde que Williams escreveu

---

* Tradicional escola de elite britânica. (N.T.)

17 Kate Soper, Marxism, Materialism and Biology, em John Mepham e David-Hillel Ruben (Org.), *Issues in Marxist Philosophy*, v.2, p.95.

18 Raymond Williams, Problems of Materialism, *New Left Review*, p.14.

A emancipação dos sentidos

essas palavras, o corpo sexual quase passou a ofuscar o corpo trabalhador. Por trás dessa mudança está uma história política tanto de perdas como de ganhos, de avanços e recuos.

Portanto, aos olhos de Marx, a natureza é mais fundamental que a história, já que, antes de mais nada, a moldagem de nosso ser-espécie é aquilo que nos permite ter história. Na verdade, é aquilo que determina que *precisamos* ter uma história. Também é mais fundamental no sentido de que as narrativas que podemos construir estão restritas pelo tipo de animal que somos. Por meio tanto do trabalho como da linguagem, duas atividades que estão intimamente entrelaçadas, a criatura humana é capaz de estender seu corpo através do planeta usando as próteses que conhecemos como instituições. Entre elas está a ampliação de nossas forças físicas conhecida como tecnologia. Com uma metáfora divertida, Marx se refere em *Grundisse* à agricultura como a conversão do solo numa extensão do corpo. Contudo, só podemos estender nosso corpo dessa maneira dentro dos limites de sua constituição física. Ele pode se esticar até a Lua, mas provavelmente não até as estrelas distantes. Mesmo num suposto futuro pós-humano, em que a tecnologia tenha sido totalmente incorporada ao corpo humano, ainda é *este* corpo, com todas as suas restrições materiais, que está em questão; e se o processo de incorporação evoluir o bastante, talvez não seja mais possível falar de um corpo indiscutivelmente humano.

A natureza é sempre mediada pela cultura (ela aparece nos cardápios, por exemplo), mas a crença materialista é que ela é tanto anterior às questões humanas como independente delas. Não é por nossa causa que existem lagartos e campos magnéticos. Podemos depender da natureza, mas a natureza não depende de nós. Viver em sociedade não é deixar de viver na natureza, mas "viver" a natureza de uma maneira específica – por meio do trabalho, por exemplo, que a reveste de significado humano. Marx sustenta que é essa relação através da história com o mundo material que a filosofia idealista bane das suas reflexões. Para alguns pensadores idealistas – embora, de modo algum, não para todos – a filosofia se ocupa da história e da cultura,

Materialismo

enquanto as ciências naturais se ocupam da natureza. O materialismo histórico, por outro lado, procura pensar ambas as dimensões simultaneamente, sem confundi-las. As relações entre elas não são simétricas. Embora as necessidades naturais sejam mediadas socialmente, por exemplo, nem todas as necessidades sociais têm base natural. Não existe fundamento natural ao desejo de alguém de se dirigir à Assembleia Geral das Nações Unidas caracterizado como o Ursinho Puff, por mais que pareça. Não existem necessidades naturais falsas, mas existem muitas necessidades sociais falsas – a demanda por dançarinas, por exemplo, em vez de *laptops*.

Ao atendermos às nossas necessidades através da produção material, nós geramos outras necessidades que, por sua vez, precisam ser satisfeitas, e é assim que a história da humanidade se desenrola. Os homens e as mulheres embarcam nesse processo na forma mais valiosa de produção, que, para Marx, não é a das minas de carvão ou das fábricas de algodão, mas a da própria autoprodução do indivíduo – da qual um dos nomes é cultura. O tipo de corpo animal que é incapaz de realizar um trabalho complexo, de desejar (no sentido psicanalítico) e de se comunicar amplamente tende a se repetir, limitado, como está, por seu ciclo biológico; ao passo que os seres humanos podem estabelecer uma distância entre eles e seus determinantes biológicos.

Ao fazê-lo, eles podem se lançar numa narrativa muito mais ousada que a trajetória de uma lagarta, a qual, considerada de um ponto de vista puramente humano, parece um pouco tediosa. Na verdade, uma das queixas de Marx contra a sociedade de classes é que ela impede que os indivíduos embarquem plenamente nessa aventura atribulada, arriscada e emocionante. Presos numa forma ou outra de exploração, até agora os seres humanos estão abandonados no que ele chama de "pré-história", sujeitos a restrições sociais que parecem confrontá-los com toda a obstinação da própria natureza. É a história como repetição, em vez de inovação. O único ato realmente histórico, portanto, seria romper esses ciclos animalescos e começar a construir uma narrativa mais aberta para nós mesmos. É por essa saga não ser

A emancipação dos sentidos

previsível, ao contrário do comportamento da lagarta, que Marx, surpreendentemente, tem tão pouco a dizer a respeito do futuro.

Afirmar que a natureza está numa posição de vantagem em relação à cultura não é, certamente, negar que as duas estão interligadas na prática. O trabalho, para Marx, é o ponto crucial em que elas convergem, assim como o próprio corpo. A sexualidade também está no limite entre natureza e cultura. "Os seres humanos", escreve Marx, "que refazem diariamente a própria vida, começam a fazer outros seres humanos para propagar a espécie."[19] A desigualdade dos papéis de gênero, ele argumenta, é a forma mais antiga de divisão do trabalho. No entanto, a verdade é que as duas esferas, da natureza e da cultura, se recusam a se encaixar suavemente. O trabalho não seria tão trabalhoso se eles o fizessem. A natureza é o que dói, resistindo às nossas tentativas de moldá-la numa forma administrável. E a cultura corre sempre o risco de negar suas raízes nessa matéria tão humilde, como uma criança edipiana que sonha com uma origem mais bacana que os seus pais reais embaraçosamente sem glamour.

No entanto, embora Marx (deixando de lado alguns gestos utópicos da juventude) insista que as duas esferas não são iguais, poucos pensadores igualaram seus esforços para compreendê-las num único pensamento. A natureza e a história foram tradicionalmente objetos rivais de atenção; mas Marx é o tipo raro de materialista que atribui um papel essencial à consciência humana, ao mesmo tempo que investiga sua base material comum. Embora esteja preocupado com a política, ele não despreza a fisiologia. Ainda que insista na origem modesta das ideias, ele não deixa de acreditar que elas podem desempenhar um papel na transfiguração da face da Terra.

* * *

---

19 Marx e Engels, *The German Ideology*, p.49 (tradução inglesa ligeiramente reformulada pelo autor).

Materialismo

O jovem Marx está envolvido com um projeto surpreendentemente original. Nenhum outro crítico do sistema no qual ele vivia tinha levado em conta o que ele faz aos sentidos do ser humano. Não tinha havido nenhuma fenomenologia do capitalismo desse tipo antes. Na visão de Marx, o sistema de produção capitalista é dominado por uma forma de razão extremamente imaterial que assume diversas formas. "Todos os sentidos físicos e intelectuais", Marx observa em *Manuscritos econômico-filosóficos*, "foram substituídos pela simples alienação de todos eles – pelo sentido do *ter*. A essência humana deveria mergulhar em uma pobreza absoluta para poder fazer surgir dela a sua riqueza interior."[20] Se a aquisitividade produz a abstração, o mesmo acontece, ironicamente, com a pobreza. Os bens de que os pobres precisam para sobreviver são despojados das suas propriedades sensoriais e reduzidos ao que Marx chama de "forma abstrata". Pouco importa o que você come se está morrendo de fome, ou que tipo de trabalho pode obter se a alternativa é passar fome.

Por outro lado, a verdadeira ação humana é uma questão de práxis – da livre realização de nossas forças sensoriais e espirituais como fins prazerosos em si mesmos. Para Marx, seu modelo é a obra de arte. É uma questão de felicidade ou de bem-estar, que, para Marx como para Aristóteles, é uma atividade, não um estado mental. A forma mais autêntica de produção ou "atividade vital" (conceitos que, para Marx, vão muito além do chão de fábrica) é a executada por si mesma, livre do aguilhão da necessidade física; e isso, segundo ele, é uma diferença fundamental entre os seres humanos e os outros animais, que têm uma mente mais utilitária. Contudo, nas condições capitalistas "a atividade vital e a vida produtiva agora aparecem ao homem apenas como meios para satisfazer uma necessidade, a de manter sua existência física".[21] Trabalhamos para viver, não como uma forma de serviço, solidariedade e autorrealização. Ao mesmo tempo,

---

20 Marx, *Early Writings*, p.352.
21 Ibid., p.238.

outros homens e mulheres (que Marx descreve como a "nossa maior riqueza") se tornam nada mais que um meio para alcançar os fins de alguém, e são, consequentemente, desmaterializados.

Os capitalistas só estão interessados nos bens que eles produzem mecanicamente na medida em que eles representam um meio de obtenção de lucro. Vistos como mercadorias em vez de objetos, eles são simples abstrações, sem uma partícula de materialidade em sua composição. Ao mesmo tempo, o corpo do produtor é reduzido à condição de um instrumento de trabalho. Ele se torna um "ser sem necessidades nem sentidos [...] e deixa de ser um homem para se tornar uma atividade abstrata e um estômago".[22] Porém, ao privar outros de sua saúde física, os capitalistas também violentam seus próprios poderes sensoriais. Marx observa:

> A autonegação, a negação da vida e de todas as necessidades humanas é a principal doutrina [da economia política burguesa]. Quanto menos você come, bebe, compra livros, vai ao teatro, vai dançar, vai beber, pensar, amar, teorizar, cantar, pintar, argumentar etc., mais você economiza e maior irá se tornar aquele tesouro que nem traças nem vermes podem consumir – seu *capital*. Quanto menos você *é*, quanto menos você dá expressão à sua vida, quanto mais você *tem*, maior é a sua vida *alienada* e mais você acumula da sua vida alienada.[23]

O ascetismo é a outra face do aquisitivismo. Seu capital se torna uma força vampiresca que suga a essência do seu corpo. O próprio Marx não tinha muito o hábito de dançar, comprar livros ou ir ao teatro, dado que (como ele certa vez observou a seu próprio respeito) jamais alguém com tão pouco dinheiro escrevera tanto sobre dinheiro. Ele, porém, bem que gostava de fazer uma turnê ocasional pelos bares.

---

22 Ibid., p.360 e 285.
23 Ibid., p.361.

Materialismo

Contudo, tendo alienado sua vida sensorial ao poder do capital, os tipos de capitalista de mentalidade menos ascética podem reavê-la de forma disfarçada. "Tudo que você é incapaz de fazer", escreve Marx, "seu dinheiro pode fazer por você: ele pode comer, beber, ir dançar, ir ao teatro, ele pode se apropriar da arte, do ensino, das curiosidades históricas, do poder político, ele pode viajar, ele é capaz de fazer todas essas coisas por você; ele pode comprar tudo."[24] O capital é um corpo fantasmagórico, um monstruoso *doppelgänger* que vigia o exterior enquanto seus donos dormem, consumindo mecanicamente os prazeres a que estes austeramente renunciam.

Existe uma outra maneira pela qual o corpo pode ser despojado da sua essência. É em *Manuscritos econômico-filosóficos* que Marx explica a teoria da alienação, na qual os homens e as mulheres deixam de se reconhecer no mundo material que eles produzem. Os produtos da sua atividade, uma vez apropriados por um sistema de propriedade privada, deixam de expressar esse trabalho, de modo que os indivíduos se tornam estranhos a si mesmos. Como observa Elaine Scarry, Marx assume "que o mundo feito é o corpo do ser humano e que, tendo projetado o corpo ao fazer o mundo, homens e mulheres são descorporificados, espiritualizados".[25] Marx sustenta que o capitalismo "aliena o homem do seu próprio corpo".[26] O trabalho dos indivíduos não faz mais parte do seu ser essencial, mas está sob o controle de outros. Ele é percebido como uma forma de trabalho penoso estranha ao seu verdadeiro eu, mais ou menos como a carne, para o dualismo cartesiano, é estranha ao espírito. Desse modo, o mundo material deixa de ser uma esfera fenomenológica. Ele não é mais um terreno humanizado no qual homens e mulheres se movem com facilidade e espontaneidade, tendo-o incorporado à sua carne, mas um espaço que confiscou suas energias e, portanto, parece mais vivo que

---

24 Ibid.
25 Elaine Scarry, *The Body in Pain*, p.244.
26 Marx, *Early Writings*, p.329.

A emancipação dos sentidos

eles. Ao deixar de ser um contexto garantido para suas atividades, ele desponta como um poder anônimo que determina seus destinos. Como a realidade material estabelece um vínculo entre os indivíduos, a perda de contato com essa realidade também é, para eles, a perda de contato uns com os outros.

Um dos objetivos do socialismo, portanto, é devolver ao corpo os poderes que lhe foram roubados, de modo a permitir que os sentidos obtenham seus direitos. Isso ocorre de forma um pouco menos dramática na poesia, que procura restituir à linguagem um pouco da plenitude sensorial que a abstração e a utilidade tiraram dela. Só aliviando a pressão dessas forças sobre as questões humanas é que podemos desfrutar de nossos poderes sensoriais como fins em si mesmos. O materialismo, no sentido comum da palavra – uma consideração exagerada pelos bens materiais –, é inimigo da materialidade. Se precisamos nos livrar da atual ordem social é, entre outras coisas, porque somos incapazes de provar, cheirar e tocar tão intensamente como poderíamos:

> A supressão da propriedade privada é, portanto, a emancipação total de todos os sentidos e de todas as qualidades humanas; mas ela é essa emancipação precisamente porque esses sentidos e essas qualidades tornaram-se humanos, tanto subjetivamente como objetivamente. O olho se tornou um olho humano, da mesma forma como o seu objeto se tornou um objeto social, humano, proveniente do homem para o homem. Por isso, imediatamente em sua práxis, os sentidos se tornaram teóricos. Relacionam-se com a coisa por querer a coisa, mas a coisa mesma é um comportamento humano objetivo consigo própria e com o homem. A carência ou a fruição perderam, assim, a sua natureza egoísta e a natureza a sua mera utilidade, na medida em que a utilidade se tornou utilidade humana.[27]

---

27 Ibid., p.351.

Materialismo

Numa atitude surpreendentemente ousada, Marx constrói uma argumentação que parte do corpo senciente e vai até a ética e a política – de como é cheirar um crisântemo ou escutar uma sonata até a acumulação de capital, as relações sociais, a propriedade privada, a ideologia e o Estado. Caberá a Sigmund Freud pôr em dúvida essa visão eufórica de um corpo humano bondosamente restituído a si mesmo. O corpo com o qual Marx lida parecia livre de desejo; e o desejo, para Freud, é uma força que esvazia e fragmenta a carne. Ele também é uma forma virulenta de abstração, indiferente às características sensoriais das coisas. Em vez disso, vasculhamos os objetos que nos rodeiam enquanto buscamos em seu núcleo uma realidade permanentemente elusiva. Não é certo que esse desencantamento crônico será curado pelo comunismo. Existe um vazio no âmago do corpo freudiano que o afasta da verdade e desgoverna suas ações. O ato de perceber o eu é sempre ofuscado por um resíduo que resiste à articulação.

O marxismo é, entre outras coisas, uma descrição de como o corpo humano, através dessas próteses conhecidas como cultura e tecnologia, chega a se enredar em seus próprios poderes e fracassar. A história que ele tem para nos contar é, portanto, uma versão moderna daquilo que os antigos gregos conheciam como húbris. O mundo que nós inventamos fica fora de controle e nos reduz a seus mercenários. No entanto, isso não acontece simplesmente porque somos seres produtivos. Para Marx, isso é o resultado das relações sociais nas quais nossas forças produtivas estão aprisionadas. E é nesse momento que seu materialismo somático ou antropológico se transforma em materialismo histórico. Passamos então da descrição do que acontece com o animal humano para o relato de uma narrativa sobre ele. Enquanto nossas forças produtivas são relativamente escassas, assim diz a história, todos têm de trabalhar simplesmente para ficar vivo. Porém, quando a sociedade começa a gerar um excedente econômico alguns indivíduos conseguem se livrar da necessidade de trabalhar, o que resulta no desenvolvimento das classes sociais. Uma minoria consegue assumir o controle da produção, dispor da força de trabalho dos

A emancipação dos sentidos

outros e se apropriar de uma fatia exagerada do excedente, enquanto a maioria luta para conservar o que é possível dos frutos do seu trabalho. Começou a luta de classes. Ao mesmo tempo, surgem inúmeros personagens – sacerdotes, bardos, xamãs, conselheiros, curandeiros e afins – que influenciam o que poderíamos chamar de produção espiritual. Seus herdeiros modernos são conhecidos como *intelligentsia*. Uma função dessa confraria intelectual é apresentar ideias que deem credibilidade ao *status quo*, um processo que Marx denomina de ideologia. Também existe a necessidade de um poder coercitivo que regule a luta de classes de acordo com os interesses dos exploradores. Ele é conhecido como Estado.

Portanto, as classes sociais surgem quando as forças produtivas evoluem para um determinado ponto – que não é nem baixo o bastante para obrigar todos a trabalhar, nem elevado o suficiente para possibilitar a todos uma quantidade satisfatória de bens sem um esforço desagradável. O nome deste último estado de coisas é comunismo. O único bom motivo para ser socialista, além de azucrinar as pessoas que consideramos desagradáveis, é que ninguém gosta de ter de trabalhar. Quando existe um excedente suficiente para ser equanimemente partilhado, não existe mais fundamento para as classes sociais e, em consequência, não há mais necessidade de ideologia nem de Estado. Nesse sentido, a posição política de Marx tem uma base material. O socialismo não pode ocorrer em qualquer lugar e momento. Ele não é apenas uma boa ideia que nos ocorre às duas da madrugada, como distribuir dinheiro com um sorriso maníaco a estranhos perplexos na rua. Ele certamente exige certas precondições materiais; e se tentarmos atingi-lo sem dar a devida atenção a esse fato, provavelmente terminaremos numa forma de stalinismo. É nesse sentido que a perspectiva materialista tem implicações políticas.

É claro que o materialismo histórico não se reduz àquilo que este esboço simples sugeriria. Ele também é um relato de como um modo de produção se transforma em outro por meio da revolução política, e como isso ajuda a moldar as ideias segundo as quais nós vivemos.

Esse último aspecto tem certa importância. As condições materiais para, digamos, escrever um romance incluem ter comida suficiente, algum tipo de instrumento de escrita, saúde e sanidade mental suficientes para se sentar a uma escrivaninha e produzir frases razoavelmente coerentes, uma fechadura na porta do quarto dos filhos etc.; mas isso não significa que o romance que você produz reflita de algum modo essas condições. A teoria marxista, por sua vez, localiza a marca de nossas necessidades e capacidades materiais em coisas supostamente muito maiores: arte, lei, ética, política, sistemas filosóficos etc. Nesse sentido, o material não é apenas aquilo de onde partimos. Em vez de ser simplesmente uma condição necessária de nossas atividades, ele molda seu caráter do começo ao fim.

Ainda assim, há um sentido em que o objetivo do marxismo é alcançar um grau de independência das formas materiais. Enquanto produzimos simplesmente por necessidade, instados a agir pela escassez ou pela necessidade animal, não estamos em nosso melhor enquanto espécie. É quando conseguimos atingir um grau de distanciamento dessas necessidades, produzindo não apenas para satisfazê-las, mas também para exercitar nossa capacidade criativa, que somos mais admiráveis. A ironia, como já vimos, é que esse distanciamento do material só é possível em determinadas condições materiais. Precisamos dessas condições para superá-las. Algo semelhante se aplica às relações humanas. Enquanto as relações sociais são determinadas em grande medida pela necessidade e pela utilidade, somos incapazes de ter prazer na existência uns dos outros em si mesma. Para fazê-lo, precisamos estar livres do tratamento em grande medida instrumental dos outros que a sociedade de classes nos impõe; e isso também depende, em última instância, de um aumento dos recursos materiais. Marx observa, numa passagem comovente, que isso é possível mesmo no presente manchado pelo trabalho:

> Quando os operários comunistas se reúnem, seu objetivo imediato é a instrução, a propaganda etc. Mas, ao mesmo tempo, eles adquirem uma

nova necessidade – uma necessidade de sociedade –, e o que surgiu como um meio se torna um fim. Fumar, comer e beber etc. deixam de ser meios para a criação de elos entre as pessoas. Companhia, associação, conversa, que, por sua vez, têm a sociedade como meta, bastam para eles. A irmandade do homem não é uma expressão vazia, mas uma realidade, e a nobreza do homem se irradia dessas figuras desgastadas pelo trabalho.[28]

* * *

"O ser social não é determinado pela consciência", Marx declara em *A ideologia alemã*, "a consciência é que é determinada pelo ser social."[29] A afirmação é uma armadilha para pegar os incautos. Como o ser social pode determinar a consciência quando a consciência é uma parte essencial dele? Significados, valores, julgamentos, intenções e interpretações não estão separados da atividade social. Pelo contrário, essa atividade não poderia existir sem eles. Fazer uma descrição puramente física de uma briga de namorados não é fazer uma descrição de uma briga de namorados. As ações humanas são *projetos*, formas intencionais de prática que constroem um vínculo entre uma situação atual e um objetivo que está além dela. E não podemos ter projetos sem sentido, a menos que "sem sentido" signifique para nós "inúteis". Se jogar através de uma janela de vidro depois de uma noite difícil na cidade é, de certa forma, sem sentido, mas não de outra.

Em que sentido, então, podemos dizer que o ser social influencia a consciência? Isso se aplica claramente aos homens e mulheres individualmente que adquirem consciência ao partilhar uma forma prática de vida. Mas em que sentido isso é válido de maneira mais geral? Marx tem duas respostas a esta pergunta. Em primeiro lugar, são as necessidades materiais que nos obrigam a produzir, e essas

---

28 Ibid., p.365.
29 Marx e Engels, *The German Ideology*, p.47 (tradução em inglês modificada pelo autor).

Materialismo

necessidades não são primordialmente uma questão de consciência. Não há dúvida de que, para serem satisfeitas, essas necessidades precisam tomar consciência de si mesmas. Nesse sentido, pensar é uma necessidade material. Mas as necessidades brotam do corpo, não da mente. "A necessidade é aquilo a partir do qual nós pensamos", observa Theodor Adorno em *Dialética negativa*.[30] Algo semelhante acontece com Freud, para quem o bebê pequeno está sob o controle de um conjunto caótico de impulsos físicos dos quais o ego ainda não emergiu. A mente está atrasada em relação ao corpo. Quando ela aparece em cena, reprime muitas das forças que fizeram parte da sua criação, empurrando-as para aquele não lugar que conhecemos como inconsciente.

Por outro lado, existe uma ambiguidade aqui a respeito do termo "consciência". Ele pode significar as ideias implícitas em nossa atividade diária, ou pode se referir a sistemas formais de conceitos como lei, arte, política, ideologia, entre outros. Isso tudo é o que Marx chama de superestrutura; e, segundo ele, a consciência nesse sentido é realmente definida pela "infraestrutura", por aquilo que ele entende como relações sociais de produção. No entanto, as relações entre infraestrutura e superestrutura não são equivalentes às relações entre ação e pensamento. As primeiras são uma questão sociológica, enquanto as segundas são uma questão epistemológica. O pensamento é intrínseco à ação, o forro conceitual é intrínseco à sua luva material, por assim dizer. Mas embora haverá relações sociais de produção numa futura ordem socialista, Marx não imagina a persistência de uma superestrutura. Isso não quer dizer que não haveria arte, lei ou política no comunismo, simplesmente que essas atividades não seriam mais convocadas para legitimar o poder de uma classe dominante.

É um equívoco pensar na relação entre superestrutura e infraestrutura como a relação entre consciência e realidade. Ela é, em vez disso, uma relação entre conjuntos diferentes de instituições sociais.

---

30 Theodor Adorno, *Negative Dialectics*, p.408.

A emancipação dos sentidos

Instalações superestruturais como clubes noturnos, tribunais, parlamentos, museus, editoras, entre outras, são tão materiais como barcos de pesca ou fábricas de conservas. Como o feijão em conserva e a pesca de arenque, elas consistem de projetos nos quais o pensamento e a ação são inseparáveis. "Superestrutural" descreve como ideias ou atividades funcionam em relação à base material da existência social. Isso não significa que agimos primeiro e pensamos depois.

Se para o marxismo as ideias estão baseadas na história material, então essa doutrina também precisa se aplicar a si mesma. Ela tem de ser capaz de oferecer uma análise histórica das suas próprias origens. O materialismo histórico precisa se submeter a uma crítica materialista. Na verdade, Marx vai além de fazer um simples relato de como esse pensamento surgiu. Ele também esboça as condições materiais nas quais ele pode deixar de existir novamente. O próprio Marx deixa claro que suas crenças não são eternas. Pelo contrário, quanto antes suas ideias puderem ser lançadas no esquecimento histórico, melhor. A filosofia é uma atividade cujo principal objetivo é sua própria abolição. Esta não é a opinião da maioria dos profissionais do setor. É difícil imaginar Platão ou Kant aguardando ansiosamente o momento em que sua obra será destinada à lata do lixo. Mas isso é precisamente o que o próprio Marx espera do futuro. Ele certamente teria ficado desanimado em saber que suas ideias ainda estavam vivas, embora não exatamente bombando, no século XXI. O fato de que ainda estavam vivas só podia significar que elas não tinham sido realizadas na prática. Quando isso se tornasse realidade, o próprio marxismo poderia desaparecer. É uma situação estritamente provisória, ao contrário de ser judeu ou hemofílico. Ao se concretizar, a teoria marxista também pretende se destruir. Uma teoria emancipatória não teria nenhum apelo numa sociedade emancipada. A tarefa dessa teoria é ajudar no nascimento dessa situação, não ficar rondando ao redor na expectativa de ser utilizada mais adiante.

Ao escrutinar as práticas históricas, a filosofia tende a se esquecer de que ela própria é uma delas. De fato, John Macmurray argumenta

Materialismo

que "a filosofia de qualquer período histórico reflete a vida do período de maneira ainda mais evidente que a arte".[31] Nietzsche zomba:

> Vocês me perguntam a respeito das idiossincrasias dos filósofos? Existe a sua falta de sentido histórico, seu ódio até mesmo à ideia de ser tornarem [...] Eles pensam que estão tornando uma coisa *honrada* quando a de-historicizam [...] quando a transformam numa múmia. Tudo que os filósofos têm tratado por milênios foram múmias conceituais; nada real escapou das suas mãos com vida.[32]

Marx, por sua vez, sabe que suas próprias ideias não teriam sido possíveis na época de Chaucer, do mesmo modo que Shakespeare não poderia ter se deparado com a Segunda Lei da Termodinâmica. O marxismo só adentra o palco histórico quando é possível e necessário que ele o faça – quando, por exemplo, a história evoluiu ao ponto em que as categorias que o marxismo emprega (trabalho abstrato, mercadorias, mais-valia etc.) se tornaram disponíveis na realidade, e em que empregá-las é considerado necessário para a emancipação humana. Para que a proposta política socialista decole, um instrumento adequado dessa emancipação também precisa ter emergido. Este, para Marx, é a classe operária.

O fato de a filosofia geralmente não dar muita importância a seu próprio contexto social é um dos motivos pelos quais ela não está entre as suas atividades preferidas. Como Nietzsche e Wittgenstein, ele é um filósofo extremamente original, que não tem muita fé na filosofia. Na verdade, uma das suas obras se intitula *A miséria da filosofia*. A expressão "filosofia materialista" deve tê-lo surpreendido como uma contradição em termos, já que ele às vezes argumenta como se a filosofia fosse uma atividade especificamente idealista. Se ele realmente pensava isto, estava claramente equivocado. Porém, é difícil

---

31 Macmurray, *The Self as Agent*, p.25.
32 Nietzsche, *Twilight of the Idols* e *The Anti-Christ*, p.35.

ver como ele pudesse tê-lo feito, já que conhecia muito bem a obra de filósofos empíricos ou materialistas como Francis Bacon, cuja obra ele elogiou, sem falar dos *philosophes* do Iluminismo francês. A verdade é que a corrente filosófica que ele tinha de enfrentar na Alemanha era sobretudo de tipo idealista, um fato que eventualmente pode tê-lo induzido a confundi-la com a filosofia propriamente dita.

Na maioria das vezes, Marx se envolve com essa visão de mundo idealista apenas para desmascará-la como um conjunto de pseudoproblemas, fantasias que desapareceriam se as condições materiais que as produzem fossem transformadas. Isso pode muito bem acontecer com alguns enigmas conceituais. Existem muitas perguntas a respeito das quais os filósofos se torturaram no passado que nós não resolvemos, mas descartamos como irrelevantes. Ninguém apresentou uma solução satisfatória à questão de quantos anjos podem dançar na cabeça de um alfinete, não porque esteja além de nossa capacidade mental, mas porque temos mais o que fazer. Mas isso não é o mesmo que pôr fim à filosofia propriamente dita. É questionável que a revolução política resolveria questões como a natureza do tempo ou as bases da moral, ou deixaria perfeitamente claro por que existe algo em vez de nada. É improvável que a própria filosofia "somática" de Marx seja aposentada pelo socialismo. Além disso, se o pensamento pode ser um prazer, por que iríamos querer vê-lo pelas costas?

A atitude de Marx diante da filosofia é surpreendentemente semelhante à de Wittgenstein. Ambos acreditam que ela é essencial somente quando as coisas não deram certo. Marx insiste que nossa relação com o mundo não é teórica; mas há momentos em que precisamos nos entregar a essa forma anormal de discurso, pelo menos para chegar ao ponto em que podemos jogá-lo fora. Neste caso, porém, existe uma diferença importante entre os dois pensadores. Marx está decidido a clarear o terreno filosófico para lançar uma teoria própria (o materialismo histórico), ao passo que Wittgenstein olha desconfiado para toda essa teorização, um termo que ele costuma usar pejorativamente. Mesmo assim, ambos os autores

Materialismo

têm uma profunda descrença na visão de que o pensamento é uma atividade autônoma. A filosofia tende a situar a origem das ideias em ideias anteriores. De modo geral, ela não considera que a atividade intelectual está atrelada à existência prática. Na verdade, para o imaginário popular a filosofia é o oposto da prática. "Ele teve uma atitude filosófica a respeito disso" significa que ele concluiu que não havia nada que pudesse fazer.

Essa atitude não chega a surpreender, dado que os filósofos geralmente não são as pessoas mais práticas. Platão não vê com bons olhos o trabalho manual, muito embora suas próprias obras não tivessem sido possíveis sem ele. Toda obra de filosofia pressupõe um exército invisível de pedreiros, encanadores, fabricantes de roupas, camponeses, lenhadores, tipógrafos etc. Na frase de Walter Benjamin, esses homens e mulheres lidam com "as coisas brutas e materiais sem as quais nenhuma coisa refinada e espiritual poderia existir".[33] Conta-se que um garotinho, filho de um filósofo de Oxford, estava mostrando a um visitante o gabinete do pai. "Está vendo todos esses livros?", ele perguntou, orgulhoso, apontando para uma estante cheia com as obras do pai. "Foi minha mãe que datilografou todos." Não surpreende, portanto, que os filósofos tenham tido um problema quanto ao modo como a alma se conecta ao corpo. Também não causa surpresa que aqueles que passam o tempo contemplando o mundo de uma distância tranquila possam vir a alimentar dúvidas quanto à existência deste. Em certa medida, o idealismo filosófico projeta a própria situação do filósofo no mundo como um todo, e sendo, nesse sentido, o resultado de condições materiais específicas, ameaça desacreditar sua própria crença na supremacia da mente.

Para Marx, porém, não se trata apenas da impraticabilidade dos professores. A ilusão de que o pensamento está livre da realidade nasce da divisão entre trabalho intelectual e trabalho manual, que só pode surgir numa determinada etapa da evolução social. Quando a

---

33 Walter Benjamin, *Illuminations*, p.31-2.

A emancipação dos sentidos

produção de um excedente econômico permite o surgimento de uma *intelligentsia*, ele escreve,

> a partir deste momento a consciência pode supor-se algo mais do que a consciência da prática existente, que ela representa de fato qualquer coisa sem representar algo de real. A partir deste instante ela se encontra em condições de se emancipar do mundo e de passar à formação da teoria, da teologia, da filosofia, da moral etc. "puras".[34]

Ironicamente, portanto, a convicção de que a consciência é uma região separada da existência tem uma sólida base material. A distância entre ideias e realidade é, ela própria, um produto da realidade. As ideias e a existência prática estão relacionadas de tal maneira a ponto de estarem divididas. E essa divisão tem consequências materiais. As ideias deixam de ser aquilo que Marx chama de "uma força material" em prol da mudança social. Em vez disso, elas desempenham um papel sectário na sociedade ao se distanciarem desses objetivos. O que parece uma não relação entre pensamento e realidade é, portanto, um modo pelo qual os dois estão mais estreitamente ligados.

"O mesmo espírito que constrói os sistemas filosóficos na mente do filósofo", escreve Marx, "constrói ferrovias com as mãos do operário. A filosofia não está fora do mundo, assim como o cérebro não está fora do homem por não se encontrar no estômago [...] a cabeça também pertence ao mundo."[35] É devido a esses sentimentos que ele tem sido chamado de "talvez [...] o maior antifilósofo da era moderna".[36] Antifilósofos são pensadores que propõem ideias que desconfiam de ideias (Marx, Nietzsche, Freud), ou que duvidam de um estilo de filosofia totalmente aceito (Derrida), ou que têm sérias dúvidas quanto ao valor da filosofia propriamente dita (Marx, Wittgenstein). Existem

---

34 Marx e Engels, *The German Ideology*, p.51-2.
35 Citado por Alfred Schmidt, *The Concept of Nature in Marx*, p.31-2.
36 Etienne Balibar, *The Philosophy of Marx*, p.2.

Materialismo

antifilósofos extravagantes, que acham que sua missão é depreciar a autoimportância pomposa do pensamento, envergonhando-o com o volume grosseiro do corpo (Nietzsche, Mikhail Bakhtin). Nietzsche proclama, em *Ecce homo*, que ele não é filósofo, mas dinamite, um "explosivo terrível" cuja concepção de filosofia está a anos-luz de distância da dos professores.[37] Tomás de Aquino repudiou seu livro *Suma teológica*, a obra mais magnífica de teologia filosófica jamais escrita, como algo "sem valor". Embora devesse saber que ela era uma obra-prima, ele pousou a pena antes de completá-la, no que pode muito bem ser considerado um gesto de humildade.

Convencidos de que a razão não vai até o fundo, os antifilósofos mergulham abaixo dela até uma realidade mais primitiva: poder, desejo, diferença, fisiologia, emoção, experiência vivida, fé religiosa, interesses materiais, a vida das pessoas comuns etc. Nas palavras de Ludwig Feuerbach, a antifilosofia trata "daquilo que no homem não é filosofar, daquilo que, na verdade, se opõe à filosofia e ao pensamento abstrato".[38] Em vez de rejeitar o discurso filosófico, a antifilosofia procura reconstruí-lo através da atenção ao que ele suprime. É preciso falar a respeito daquilo sobre o qual a filosofia tem de guardar silêncio.

Tentando pensar de outra maneira, a maioria desses autores é forçada a inventar uma forma alternativa de escrita, que questione a distinção entre filosofia e literatura (Kierkegaard, Nietzsche, Benjamin, Wittgenstein, Adorno, Cixous, Derrida). Já que a ética, argumenta Wittgenstein, trata de como viver em vez de ser uma teoria ou doutrina, é a arte, não a filosofia, que pode iluminá-la de forma mais eficaz. Quando precisamos de um critério moral, nós nos voltamos para Tolstoi e Dostoievski, não para Espinosa ou Kant. Ele se referiu ao seu pensamento tardio como representando uma "torção" na história da filosofia semelhante à descoberta da dinâmica na ciência, e

---

37 *Basic Writings of Nietzsche*, p.737.
38 Citado em Schmidt, *The Concept of Nature in Marx*, p.24.

se considera um herdeiro do tema que era chamado de filosofia.[39] "A antifilosofia", declara Richard Rorty, "é mais amadora, mais divertida, mais alusiva, mais atraente e, acima de tudo, mais 'escrita' que a filosofia convencional."[40] Wittgenstein, cujo estilo literário tardio é esplendidamente acessível, defendia que a filosofia deveria ser escrita como uma composição poética, e sonhava em escrever uma obra filosófica composta exclusivamente de piadas. (Como ele não era dos indivíduos mais divertidos, talvez seja bom que esse desejo nunca tenha se realizado.) Nietzsche, um estilista insuperável, era um mestre do aforismo que almejava resumir em dez frases o que os outros precisavam de um livro para enunciar. Fiel ao seu envolvimento com o surrealismo, Walter Benjamin queria escrever um livro composto inteiramente de imagens.

Tanto Marx como Wittgenstein estão atentos ao modo como as ideias podem se tornar reificadas quando são arrancadas de seus contextos sociais.[41] Em *A ideologia alemã*, Marx observa:

> Os filósofos só precisariam dissolver sua linguagem na linguagem comum da qual ela é abstraída, reconhecê-la como a linguagem distorcida do mundo real, e perceber que nem o pensamento nem a linguagem constituem uma esfera própria, que eles são apenas manifestações da vida real.[42]

Se a afirmação poderia ter saído quase palavra por palavra das páginas do Wittgenstein tardio talvez seja porque ele estivesse familiarizado com o texto em que ela aparece. *A ideologia alemã* foi publicada na Inglaterra em 1932, e Wittgenstein pode ter recebido um exemplar da obra de um de seus colegas marxistas em Cambridge.

---

39 G. E. Moore, Wittgenstein's Lectures in 1930-33, em *Philosophical Papers*, p.322.

40 Richard Rorty, *Consequences of Pragmatism*, p.93.

41 Para uma comparação sugestiva entre os dois pensadores, ver D. Rubinstein, *Marx and Wittgenstein: Social Praxis and Social Explanation*.

42 Engels e Marx, *The German Ideology*, p.118.

Materialismo

É uma situação em que as ideias são retiradas de seu contexto a que encontramos no romance *Judas, o obscuro*, de Thomas Hardy, cuja epígrafe diz: "A letra mata". A obra retrata uma Inglaterra do final da era vitoriana, com uma variedade de ídolos, mitos, fantasmas e ilusões eficazes, e repleta de fetichistas e videntes. É uma ordem social necrófila, apaixonada pela morte, na qual o destino dos vivos fica sob o domínio despótico de crenças mortas. O romance observa, à sua maneira, que o capitalismo é ao mesmo tempo extremamente materialista e assustadoramente desmaterializado, de uma só vez muito carnal e muito etéreo. Marx encontra a mesma ambiguidade na forma da mercadoria.

Uma forma de ilusão eficaz é o romance. No prefácio à primeira edição, Hardy descreve *Judas* como a dramatização de "uma guerra mortal entre a carne e o espírito", que, para ele, significa uma ordem social cujas instituições materiais combatem a liberdade humana. Trata-se de uma obra materialista porque, entre outras coisas, rejeita a versão social do dualismo mente-corpo, e o faz apontando para duas formas de atividade humana que prometem resolvê-lo. Uma delas é a arte – mais precisamente, a arte manual por meio da qual o pedreiro Judas Fawley ganha a vida fazendo reparos nas faculdades em ruínas da Universidade de Oxford. Talhar pedra é revestir um pedaço de matéria de significado, convertendo-a num significante do espírito. Judas passa o tempo reforçando as paredes das mesmas faculdades que o deixam de fora, recusando-se a admitir que essa forma de trabalho é mais valiosa que as elucubrações dos professores.

A outra atividade que promete transcender o dualismo da carne e do espírito é o amor sexual. No relacionamento entre Judas e Sue Bridehead, uma reciprocidade de corpos se torna a ocasião para uma reciprocidade de eus, à medida que a carne ganha em eloquência e expressividade. Porém, como não é uma igualdade sexual que a Inglaterra vitoriana ache fácil de acomodar, ela intervém, em *Judas*, para romper o relacionamento, matar a protagonista e levar seu parceiro a um autodesprezo culpado. A repressão sexual não é um tema com o

A emancipação dos sentidos

qual Marx se importasse. Porém, não há dúvida de que ele teria reconhecido no trabalho artesanal de Judas uma imagem do trabalho não alienado, apesar de todas as condições deprimentes nas quais ele é executado. O que conhecemos como artesanato fica a meio caminho entre a arte e a utilidade do trabalho; e é para essas imagens da produção que Marx olha em sua busca de uma ordem social que possa acolher os Fawleys deste mundo em vez de expulsá-los.

4
Alto-astral

Marx e Nietzsche constituem tamanho contraste político que é fácil ignorar o quanto eles têm em comum. Ambos são materialistas para quem o nobre tem origem na base. Ambos consideram que o conhecimento é essencialmente prático, baseando-o no corpo. Para Marx, na sociedade de classes o conhecimento está, em grande medida, a serviço do poder, enquanto para Nietzsche ele preenche esse papel em todos os tempos e lugares. Na verdade, o poder é um motivo central para ambos, embora Nietzsche o considere a realidade suprema, enquanto Marx defende algo ainda mais fundamental, a saber, os interesses materiais que o poder protege ou contesta. É bem possível que ele tenha descartado a visão exuberante que Nietzsche tinha do mundo como vontade de potência – um lugar em que todo corpo material luta para crescer e se desenvolver exercendo domínio sobre os outros – por considerá-la uma espécie de capitalismo cósmico. "A própria vida", escreve Nietzsche, "é *essencialmente* apropriação, ofensa, sujeição do que é estranho e mais fraco, opressão, dureza, imposição de formas próprias, incorporação e, no mínimo e em sua

Materialismo

forma mais amena, exploração."[1] Ao burguês piedoso que ergue as mãos horrorizado com essa visão, a resposta de Nietzsche é: olhe para as crenças intrínsecas a seu próprio comportamento diário. Olhe para o que você faz em sua tesouraria, não para o que entoa na igreja.

Os dois desconfiam dos consolos do idealismo. Para ambos, a falsa consciência afeta a grande maioria da humanidade – temporariamente, para Marx, permanentemente, para Nietzsche. Com a sua decidida mundanidade, eles rejeitam todas as ficções metafísicas e a falsa espiritualidade. Ambos desconfiam de que o altruísmo e o humanitarismo mascaram as duras realidades da exploração. Eles também são, na expressão de Nietzsche, "imoralistas", recusando-se a tratar a moral como uma esfera autônoma própria e insistindo em seu papel numa história material mais ampla. Outra de suas afinidades é o fato de serem historicistas. Nietzsche pode não ser um materialista histórico, mas seu pensamento é tanto histórico como materialista. As visões de história dos dois autores também são, de certo modo, paralelas. De modo geral, a saga humana tem sido, para ambos, uma narrativa de violência, conflito e opressão manchada de sangue – embora Marx identifique um padrão compreensível nesse relato, enquanto Nietzsche o chame de "um domínio horripilante do absurdo e do acaso".[2]

Para Marx, só podemos avançar para o futuro relembrando o trauma do passado; para Nietzsche, só podemos marchar para a frente por meio de uma amnésia heroicamente desejada. Ambos os pensadores, contudo, estão convencidos de que a história infeliz da humanidade pode ser superada – para Marx, por meio do comunismo, para Nietzsche, por meio do advento do Super-Homem (*Übermensch*). Em ambos os casos, as sementes dessa transcendência já estão sendo plantadas – e plantadas, ironicamente, nos próprios infortúnios do

---

1 Friedrich Nietzsche, *Beyond Good and Evil*, em *Basic Writings of Nietzsche*, p.393. A melhor introdução ao pensamento de Nietzsche é o detalhado, criterioso e abrangente *Nietzsche*, de Richard Schacht.

2 Nietzsche, *Beyond Good and Evil*, em *Basic Writings of Nietzsche*, p.307.

Alto-astral

presente. O que Nietzsche chama de era moral é a crônica do auto-tormento e do autodesprezo da humanidade; no entanto, ao refinar e espiritualizar os seres humanos, essa triste condição lança as bases para que alguns poucos se tornem deuses. Marx tem uma redenção mais universal em vista; mas ela também acontecerá através da adversidade – em seu caso, com os miseráveis da Terra chegando ao poder.

Para ambos, portanto, a vitória é arrancada da fraqueza. Aos olhos de Nietzsche, o ser humano é "mais doentio, inconstante, instável e indefinido que qualquer outro animal",[3] embora esteja grávido de um futuro glorioso. Ambos os filósofos cantam louvores à civilização enquanto estão cientes do preço terrível que ela cobrou da humanidade – o que Theodor Adorno chama de "o horror fervilhando debaixo da pedra da cultura".[4] Todo avanço histórico foi pago com a moeda da submissão, cada pequeno passo civilizacional foi alcançado através da tortura física e espiritual. Nessa convicção, tanto Marx como Nietzsche estão próximos do pensamento de Sigmund Freud, para quem a civilização pode muito bem exigir dos homens e das mulheres um sacrifício doloroso demais para que valha a pena suportar. Na verdade, os três homens podem ser considerados pensadores trágicos – não porque eles não tenham esperança num futuro menos sombrio, mas porque esse futuro só pode ser assegurado com base numa história cujo horror não pode ser descrito em palavras. Somente o espírito trágico é capaz de encarar esse horror e ainda assim se afirmar.

Existem outros pontos de contato entre Marx, o defensor da plebe, e Nietzsche, seu flagelo. Se Marx rechaça a religião como sendo, em grande parte, ideologia, Nietzsche produz o que talvez seja a polêmica mais grandiosa contra seus crimes e loucuras que a Era Moderna já presenciou. Ambos adotam uma ética romântica da autorrealização, segundo a qual a boa vida consiste na livre expressão

---

3 Ibid., p.534.
4 Theodor Adorno, *Prisms*, p.250.

Materialismo

de nossas capacidades como um fim em si mesma. Ambos encontram um modelo dessa criatividade na arte, que é a temática de Nietzsche do começo ao fim.[5] De todo modo, existem diferenças. Para Marx, como vimos, a autorrealização precisa ser uma questão recíproca, ao passo que o arrogante Super-Homem de Nietzsche se coloca numa solidão insolente, desdenhoso da simpatia e da solidariedade humanas. A ideia de igualdade é uma afronta ao seu senso de especificidade única das coisas, da incomensurabilidade de um fenômeno com outro. Para ele, mesmo dizer "folha" ou "cachoeira" é falsificar. No entanto, Marx também rejeita o que se poderia chamar de valor de troca do espírito, repudiando qualquer concepção abstrata de igualdade como burguesa, não socialista.

Nietzsche é um pensador extraordinariamente ousado. Filosoficamente falando, ele é muito mais radical que Marx. Ele põe em causa a verdade, o fato, a objetividade, a lógica, os objetos, os sujeitos, os agentes, as almas, as naturezas, a vontade, a lei, a ciência, o progresso, a virtude, a causalidade, a necessidade, a essência, o propósito, a unidade, o atributo, o ser, o ego, a identidade, a espécie, a materialidade, a consciência e a duração, além de outras ideias preconcebidas. Isso não deixa muita coisa de pé. Ele rejeita a ética e a epistemologia da sociedade de classe média, despreza seu idealismo sentimental, abala seus totens científicos e consolos sobrenaturais e descarta os fundamentos que sustentam toda a ordem social e a estabilidade política. Ele é, na verdade, um pensador tão perigoso como se gaba de ser.

Politicamente falando, Nietzsche é tão radical quanto Marx, desde que nos lembremos de que o radicalismo não é, de modo algum, monopólio da esquerda. Se formos levá-lo a sério, ele anseia por um futuro de guerra global em que haverá um retorno à escravidão, os pobres serão impedidos de procriar e os povos mais fracos serão esmagados ou mesmo exterminados. "Os fracos e malformados

---

5 Para uma descrição valiosa da relação de Nietzsche com a arte, ver Alexander Nehamas, *Nietzsche: Life as Literature.*

devem perecer", ele anuncia em *O Anticristo*,[6] embora não fique claro se eles vão desaparecer por vontade própria ou com uma pequena ajuda de gente como Nietzsche. A brutalidade da sua proposta política contrasta fortemente com a sutileza do seu pensamento. Como inimigo mortal da paz, da compaixão, da democracia, da efeminação, das mulheres independentes e da ralé proletária, ele adora tudo que é cruel, rigoroso, perverso, másculo, malicioso, vingativo e despótico. O amor ao próximo é desprezível, e a misericórdia é contrária à lei da evolução. Os doentes, não os maus, é que são uma fonte de perigo espiritual. Existe uma linha mortal de decadência que vem do Novo Testamento, um documento que Nietzsche comicamente acusa de falta de educação, ao desastre da Revolução Francesa e dali à mais detestável *canaille* de todas, os socialistas que ensinam inveja e ressentimento a operários docilmente satisfeitos com a própria sorte. Um medo da terrível vingança das massas está presente como um subtexto constante ao longo de toda a sua obra, escrita, de qualquer forma, à sombra da Comuna de Paris.

Ao contrário de Marx, portanto, Nietzsche não seria a companhia ideal para uma noitada nos bares. Tudo que se pode alegar em sua defesa é que ele detestava o nacionalismo alemão e proclamava seu desprezo pelos antissemitas, embora fizesse ele mesmo um número considerável de comentários antissemitas. Era, ainda, um crítico tão impiedoso da sociedade tradicional quanto Marx, embora do ponto de vista da extrema direita, não da esquerda revolucionária. Quando se trata de Nietzsche, essa esquerda tem de lidar com um pensador que compartilha sua própria inclinação historicista e materialista, sua aversão a mitos metafísicos e moralismo sentimental, enquanto aparentemente anseia para esfregar ainda mais o rosto dos pobres no chão. A maioria das interpretações pós-estruturalistas de Nietzsche evita esse dilema com o simples estratagema de eliminar as posições políticas dele.

---

6 Nietzsche, *The Twilight of the Idols* e *The Anti-Christ*, p.124.

Materialismo

Como Marx, Nietzsche é um materialista somático. "A alma", ele declara em *Assim falou Zaratustra*, "é apenas uma palavra para designar algo no corpo." (Surpreendentemente para quem preferia assistir a filmes de faroeste a ler filosofia, Wittgenstein parecia estar familiarizado com essa afirmação. A obra de Nietzsche não lhe era, de modo algum, estranha. "Será que estou dizendo algo como 'e a própria alma é simplesmente algo relacionado ao corpo'?", ele se pergunta. "Não. (Eu não sou assim tão carente de classificações.)".)[7] Seu argumento, porém, é de que o conceito de alma desempenha um papel legítimo em nossos jogos de linguagem, não que a alma e o corpo sejam existencialmente separados. "Você diz 'Eu'", prossegue Nietzsche, "e tem orgulho dessa palavra. Mas mais importante que isso – embora você não acredite – é o seu corpo e a sua grande inteligência, que não diz 'Eu', mas representa o 'Eu'."[8]

O corpo, então, tem sua sabedoria, que a mente desconhece por inteiro. Ele é um fenômeno mais rico e surpreendente que a consciência, que, para Nietzsche, é uma coisa rasa, generalizante, falsificadora e meio estúpida. Ele alega que o conceito de alma foi inventado para enxovalhar o corpo e fazê-lo parecer doente. Ele surge inicialmente quando nossos instintos animais vigorosos são contrariados e forçados a se voltar para dentro de si mesmos, criando um espaço interior no qual eles se inflamam e adoecem. Nesse sentido, a própria subjetividade é uma forma de doença. O assim chamado espírito é um vírus de tipo hamletiano que infecciona nossos instintos vitais e faz com que eles se inflamem. É uma imperfeição do organismo, uma avaria em nossa atividade espontânea. A alma também pode ser considerada um "vício gramatical", um truque de linguagem por meio do qual somos induzidos a propor um motivo que explique tudo o que acontece. Como veremos posteriormente, esse é um tipo de argumento wittgensteiniano.

---

7 Ludwig Wittgenstein, *Remarks on the Philosophy of Psychology*, v.2, p.690.
8 Friedrich Nietzsche, *Thus Spoke Zarathustra*, p.61-2.

Alto-astral

O próprio Nietzsche deixará de "situar a origem do homem no 'espírito', na 'divindade'; nós já o devolvemos aos animais".[9] Ele se pergunta, em *A gaia ciência*, se a filosofia "não tem sido simplesmente uma interpretação do corpo e uma *incompreensão do corpo*", e o considera o ponto fraco de todo pensamento tradicional. "A filosofia diz fora com o *corpo*, essa deplorável *idée fixe* dos sentidos, infectado com todas as falhas de lógica que existem, refutado e até mesmo inviável, embora suficientemente imprudente para posar como se fosse real!"[10] Ele próprio estenderá uma mão amiga a esse pária filosófico e tentará refletir sobre a história, a cultura, a arte e a razão em termos dos apetites e aversões do corpo. "São nossas necessidades que interpretam o mundo", ele observa em *A vontade de potência*.[11] Segundo ele, o corpo é um fenômeno aberto e maleável sem fronteiras fixas que assimila coisas estranhas em sua essência durante o processo de dominação do seu ambiente.

A consciência, que Nietzsche considera, à maneira marxiana, ter "evoluído através do convívio social e visando aos interesses desse convívio",[12] tem sido absurdamente superestimada. Pensar é reduzir a complexidade do mundo à descrição mais tosca. O pensador é aquele que simplifica, diz ele em tom zombeteiro. A linguagem é a consciência em ação, tal como é para Marx, mas na visão de Nietzsche ela fatalmente dilui a densidade da experiência. A verdade também teve sua importância inflada. Há situações em que uma mentira proveitosa pode muito bem ser preferível a ela. Ela é simplesmente um instrumento do impulso para preservar e aprimorar a vida humana, o que Nietzsche chama de vontade de potência. "Saber que" é uma função de "saber como", uma afirmação que também encontramos na obra de Wittgenstein.

---

9 Nietzsche, *The Twilight of the Idols* e *The Anti-Christ*, p.124.
10 Friedrich Nietzsche, *The Gay Science*, p.284.
11 Ibid., p.267.
12 Friedrich Nietzsche, *The Will to Power*, p.284.

Materialismo

Tanto para Nietzsche como para Freud, a mente é um produto dos impulsos do corpo. São esses "psicofisiologistas", ou filósofos do futuro, como o próprio Nietzsche, que são capazes de ouvir os murmúrios enigmáticos do corpo naquilo que outros consideram como uma esfera puramente mental. A fisiologia precisa se tornar então o ponto de partida. Enquanto Kant propõe uma capacidade especial que explique a unidade de nossas percepções, Nietzsche considera que essa unidade é obra do próprio corpo. Toda a nossa vida consciente está a serviço de nossas funções animais básicas, e a filosofia é o nome que damos ao estilo de pensamento que abafa essa realidade humilhante. À primeira vista, o corpo parece a verdade mais sólida e evidente a respeito dos seres humanos, mas, realmente, ele é um continente obscuro bastante impenetrável ao pensamento. Como não podemos estar cientes da miríade de impulsos que compõem qualquer um dos nossos pensamentos ou ações, somos profundamente inexplicáveis para nós mesmos. O mistério mais profundo é, portanto, aquele que está mais visivelmente à mão. A consciência, Nietzsche escreve em *Aurora*, é "um comentário mais ou menos fantástico" sobre um texto (o corpo) que é desconhecido e talvez incompreensível.[13]

O materialismo somático de Nietzsche tem aspectos mais ridículos. Ele considera que o pensamento genuíno exige ar fresco, tempo bom e uma dieta saudável, além de "intestinos pouco exigentes e obedientes, ativos como moinhos de vento, mas distantes".[14] Não está claro se é isso que ele quer dizer ao se chamar de um "explosivo terrível". Existe uma boa dose de síndrome de escoteiro em sua obra. Com seu amor pelas caminhadas solitárias nas altas montanhas, sua conversa comicamente autoidealizadora de empreender "viagens arriscadas de exploração e expedições espiritualizadas ao Polo Norte debaixo de um céu desolado e perigoso",[15] é comum encontrarmos Nietzsche

---

13 Friedrich Nietzsche, *Daybreak: Thoughts on the Prejudices of Morality*, p.76.
14 Nietzsche, *On the Genealogy of Morals*, em *Basic Writings of Nietzsche*, p.544.
15 Nietzsche, *Beyond Good and Evil*, em *Basic Writings of Nietzsche*, p.323.

confundindo o ato de filosofar com uma ducha gelada. Com solene insensatez, ele observa que a vontade é mais forte no norte da Alemanha que no centro, que todos os preconceitos têm origem no intestino e que os antigos celtas eram louros, não morenos. Enquanto a maioria de seus admiradores pós-modernos desconfia grosseiramente da ciência, Nietzsche aprecia o que ele considera seu espírito severo, frio, escrupuloso, rigoroso e másculo, ao contrário da desorientação efeminada da religião e do idealismo. Há momentos em que é difícil dizer se ele é um filósofo ou um *personal trainer*. Ele filosofa com o nariz: "As 'entranhas' de cada alma", ele se gaba, "são percebidas fisiologicamente por mim – *cheiradas*".[16] Todo contato entre os indivíduos, ele adverte, envolve algum grau de impureza, e a turgidez do pensamento alemão tem muito a ver com uma má digestão. É tentador voltar esse materialismo vulgar contra o próprio Nietzsche e perguntar se a sua obsessão com o poder e o alto-astral brota dos seus próprios problemas crônicos de saúde. Será que devemos a ideia do Super-Homem ao fato de ele ter contraído sífilis quando era estudante?

A moral e a filosofia são, aos olhos de Nietzsche, simplesmente uma espécie de linguagem de sinais dos instintos e dos afetos. Precisamos interpretar esses fenômenos sintomaticamente, compreendendo que as suas alegações são movidas por inveja, agressão, aversão, vingança, ansiedade e por aí afora. Todas as nossas percepções contêm um elemento inerradicável de medo, fantasia, ignorância, preconceito, autoengrandecimento, entre outros. Ele observa que a filosofia "geralmente é um desejo do coração que foi filtrado e transformado em abstração".[17] São nossos afetos, não nossos intelectos, que interpretam o mundo. Diversos exemplos podem servir para ilustrar o argumento. O niilismo, o anarquismo e o desprezo judeu-cristão pelos sentidos resultam da perda do vigor racial ou nacional, da destruição e do empobrecimento das capacidades humanas. Foi o

---

16 Nietzsche, *Ecce Homo*, em *Basic Writings of Nietzsche*, p.689.
17 Nietzsche, *Beyond Good and Evil*, em *Basic Writings of Nietzsche*, p.202.

Materialismo

sangue degenerado decorrente da disseminação de doenças depois da Guerra dos Trinta Anos que lançou as bases do servilismo do pensamento alemão moderno. O cristianismo e a democracia representam o triunfo astuto dos fracos sobre os fortes, infectando os espíritos nobres com sua própria subserviência repugnante. O ceticismo brota do declínio e do esgotamento nervoso de uma raça ou de uma classe. A visão dos filósofos de um mundo de objetos estáveis, verdades bem fundamentadas e significados intrínsecos não reflete seu discernimento, mas sua ansiedade. A vontade mais forte é a que pode prescindir do mito do significado intrínseco. Aqueles que não sabem como pôr sua vontade nas coisas põem, em vez disso, significado nas coisas. O estudo da causalidade é gratificante porque rastrear os fenômenos até sua origem é adquirir poder sobre eles. O mesmo se aplica ao conhecimento em geral. Os filósofos morais afirmam que a vontade é livre para poderem responsabilizar os homens e as mulheres por suas ações e puni-los por suas transgressões. Nietzsche até detecta uma hostilidade plebeia ao privilégio no conceito de leis da física, que trata todos os corpos da mesma forma.

"Suponhamos que nada fosse 'dado' como real exceto o nosso mundo de desejos e paixões", Nietzsche devaneia em *Além do bem e do mal*.[18] Mesmo isso não é o alicerce firme que aparenta, já que desejos e paixões, além do próprio corpo, são produtos da vontade de potência; e embora a vontade de potência seja realmente tudo que existe, ela não é uma espécie de base robusta, mas simplesmente uma rede de forças elusivas e eternamente cambiantes. Se é assim, então é importante observar que Nietzsche é um materialista somático, mas não um materialista metafísico. Ele não acredita que a matéria é tudo que existe. Na verdade, ele não acredita de maneira nenhuma na matéria. Ela é uma maneira fictícia de descrever um mundo composto por quantidades dinâmicas de força e suas configurações passageiras. Ele também é um inimigo implacável do materialismo mecânico, o qual,

---

18 Ibid., p.237.

Alto-astral

segundo ele, simplesmente substitui Deus pelo culto da matéria. Ele também não é um materialista epistemológico. A mente não se conforma ao modo como o mundo é porque o mundo não é de nenhum modo específico. Ele está num fluxo constante, e somos nós que o revestimos de verdade, ordem e significado. Se parecemos descobrir determinadas leis na natureza é porque nós mesmos as contrabandeamos para dentro dela. Se o mundo parece lógico, é porque nós o tornamos lógico. Fomos nós que projetamos causa, sequência, lei, quantidade, objetos, sujeitos, motivo, propósito, limite, regularidade etc. no caos fervilhante da realidade, apenas para continuar a nos submeter como idólatras à obra de nossas próprias mãos.

Na visão de Nietzsche, tudo isso é função da razão – uma velha traiçoeira, como ele a chama com sua habitual postura politicamente correta. A razão é um artifício para simplificar e regular a rica complexidade das coisas para que possamos nos apropriar delas. Portanto, ela está inteiramente a serviço da vontade de potência, construindo um mundo no qual nossas capacidades podem ser enriquecidas e aprimoradas. A verdade nada mais é que a realidade domesticada e tabulada por nossas necessidades práticas, tornada regular, calculável e, nessa medida, falsificada. É um mito de que precisamos para sobreviver e prosperar. A inverdade é, portanto, uma condição da vida. (Poderíamos dizer que isso desqualifica Nietzsche como um pragmático puro, já que para o pragmático a verdade é simplesmente aquilo que nos ajuda a prosperar, ao passo que para Nietzsche uma inverdade também pode alcançar esse objetivo.) Na luta para estabelecer um ideal moral, por exemplo, "quanta realidade tem de ser mal compreendida e difamada, quantas mentiras têm de ser santificadas, quantas consciências perturbadas?".[19] A razão emburrece a realidade; e, embora ela seja essencial para nossa sobrevivência, ela também é um aspecto do que Nietzsche chama, de forma desmoralizadora, de "consciência de rebanho". O Super-Homem, pelo

---

19 Nietzsche, *On the Genealogy of Morals*, em *Basic Writings of Nietzsche*, p.531.

Materialismo

contrário, não discute suas razões, já que a dialética pertence à ralé. Em vez disso, ele dá ordens.

A linguagem não reflete como as coisas são, mas o que fazemos delas. As proposições só têm sentido dentro de certas esferas do discurso, de certas formas relacionadas à espécie de dividir o mundo; e essas esferas do discurso estão, por sua vez, ligadas às nossas necessidades e a nossos impulsos materiais.

Como veremos, isto está extremamente próximo da insistência de Wittgenstein nas relações entre um jogo de linguagem e uma forma prática de vida. O que conta como um objeto para Nietzsche é determinado pelas regras e conceitos de uma gramática cuja base é, em última análise, antropológica. É verdade que às vezes sentimos que estamos nos deparando com fatos irracionais, mas o que realmente estamos fazendo, ele insiste, é bater nossas cabeças contra uma interpretação do mundo que se tornou tão profundamente enraizada que no momento somos incapazes de remover. A verdade é que não existem fatos, só interpretações. Se esta afirmação é um fato ou uma interpretação não é uma questão a que Nietzsche dê uma resposta.

* * *

Nietzsche não acredita em dar livre curso aos instintos. Ele não é um libertário romântico ao estilo de D. H. Lawrence ou Gilles Deleuze. O Super-Homem não é um bárbaro saqueador, mas um indivíduo cortês, agradável, alto-astral e disciplinado, mais ou menos como Nietzsche gostava de se enxergar. A humanidade foi eviscerada de seus instintos animais, convencida pelos sacerdotes e filósofos a se envergonhar dos seus sentidos, e reduzida ao estado de automutilação vulgarmente conhecido como virtude. O máximo a que ela pode aspirar é o comportamento de "rebanho". No entanto, essa condição lamentável, "a doença mais terrível que jamais assolou o homem",[20]

---

20 Ibid., p.529.

Alto-astral

tem de ser avaliada dialeticamente, já que Marx aborda o capitalismo mais ou menos com o mesmo espírito. Se esse é o maior desastre que já aconteceu à humanidade, ele também tempera, refina e disciplina seus impulsos, preparando assim o terreno para o Super-Homem, que irá incorporar seus espíritos animais em sua razão, em vez de usar sua razão para reprimir seus instintos. A civilização é uma história de barbárie, mas sem essa brutalidade nada de valioso teria sido criado.

Marx e Nietzsche estão de acordo nessa visão dialética. Aos olhos de Nietzsche, o que os humanistas e idealistas não conseguem perceber é simplesmente "quanto sangue e sofrimento estão na origem de todas as 'coisas boas'!".[21] A cultura é o fruto de uma história catastrófica de crime, culpa, dívida, tortura, violência e exploração. Por sua vez, Marx defende que a civilização só tem um genitor – o trabalho – e que o socialismo deve ser construído com os lucros da exploração. Para prosperar, ele exige uma grande quantidade de bens materiais e espirituais; e ele herda esses recursos de uma história na qual a atividade de acumulá-los envolve sofrimento e injustiça. A prosperidade que um dia pode lançar as bases da liberdade é, ela mesma, o fruto da falta de liberdade.

Existe, porém, uma diferença fundamental entre os dois pensadores nesse aspecto. Nietzsche não tem nenhuma dúvida de que o derramamento de sangue e o sofrimento são plenamente justificados se resultarem no florescimento de tipos superiores, como ele. É aqui que ele se afasta de Freud, que observa, em *O futuro de uma ilusão*, que qualquer civilização na qual a gratificação de poucos depende da miséria de muitos "não tem nem merece a perspectiva de uma existência duradoura".[22] Para Marx, o fato de a barbárie ter sido uma condição indispensável da civilização é uma verdade trágica, ao passo que Nietzsche escreve um célebre estudo da tragédia que é, entre

---

21 Ibid., p.498.
22 Sigmund Freud, *The Future of an Illusion*, em *Civilization, Society and Religion*, p.192.

outras coisas, uma tentativa de justificar essa ironia. Em *O nascimento da tragédia*, o dionisíaco defende, entre outras coisas, a violência e a destrutividade da existência, e o apolíneo defende a suavidade e a luminosidade da civilização; mas a oposição entre eles pode ser desfeita, já que o dionisíaco dá origem às ilusões terapêuticas do apolíneo como uma defesa contra sua própria voracidade. Portanto, se queremos visões de paz e harmonia, parece que precisamos do sofrimento para inspirá-las. É um argumento estranhamente perverso, como se alguém dissesse que vale a pena quebrar a perna só para desfrutar dos efeitos relaxantes da anestesia.

Nesse sentido, podemos interpretar a teoria da tragédia de Nietzsche como uma alegoria da sua teoria materialista da história. Mas ela também é uma forma de teodiceia, ou justificação, do mal. Nietzsche considera a escravidão uma condição necessária de toda cultura vigorosa, e adverte seus compatriotas de mentalidade mais igualitária que se alguém precisa de escravos é um absurdo educá-los como senhores. Uma aristocracia vibrante aceita com a consciência tranquila "o sacrifício de um número incalculável de seres humanos que, *para o seu bem*, precisam ser reduzidos e rebaixados a seres humanos incompletos, a escravos, a instrumentos".[23] Raças e classes inteiras podem ter de ficar por baixo para que os tipos superiores prevaleçam. Numa passagem excluída de *O nascimento da tragédia*, Nietzsche propõe de forma descarada que, nos tempos atuais, "a miséria das massas esgotadas pelo trabalho deve ser ainda mais intensificada para permitir que um certo número de indivíduos excepcionais crie o mundo da arte".[24] A grande maioria dos indivíduos, ele declara em *Vontade de potência*, não tem direito de existir, e não passa de um infortúnio para os exemplares superiores da espécie.

---

23 Nietzsche, *Beyond Good and Evil*, em *Basic Writings of Nietzsche*, p.392.
24 Citado em Andrew Bowie, *Aesthetics and Subjectivity: From Kant to Nietzsche*, p.224 (tradução em inglês ligeiramente corrigida pelo autor).

Alto-astral

O que Marx – que parece ignorar a obra de Nietzsche e que morreu antes da publicação de seus textos mais importantes – teria pensado da sua posição política? É claro que a sua sordidez lhe teria provocado uma certa repugnância. Mas ele não se limitaria a isso. Ele certamente não teria deixado de perceber que *Genealogia da moral* é uma análise histórica e materialista do seu tema, que não era incomum apenas para a sua época, mas que representa uma empreitada bastante rara mesmo hoje. Igualmente incomum, a obra é uma análise classista da moral que realiza a transição de uma ética aristocrática para os costumes de classe média que vêm na sequência. No período inicial da civilização, quando a humanidade precisava lutar para sobreviver, foram os valores de uma casta guerreira ousada e aventureira que se mostraram mais úteis: conquista, crueldade, rivalidade, rancor, vingança, agressão e assim por diante. Porém, quando a civilização estava implantada e funcionando, esses valores perderam sua utilidade social e passaram a ser estigmatizados como perniciosos, enquanto as virtudes humanitárias da paz, da piedade, da humildade e da compaixão foram apresentadas como um exemplo para a admiração de todos. Quem chega ao poder numa era cristã, democrática e espiritualmente covarde são aqueles cujos instintos são suficientemente débeis para serem domesticados – uma castração espiritual a que eles dão o nome de religião ou moral. É possível situar essa transição na Inglaterra do século XVII, embora Nietzsche não o faça. Em meados desse século, Thomas Hobbes ainda defendia os valores aristocráticos da coragem, da honra, da glória e da grandeza da alma; no final do século, John Locke defendia os valores de classe média da paz, da tolerância e da propriedade privada.

Já que a conquista, a agressão e a soberania são aspectos da vontade de potência, e já que a vontade de potência é idêntica a tudo que é vigoroso e resoluto, a moral de classe média representa uma traição da própria vida. Mesmo assim, apesar do seu caráter meigo e pacífico, a sociedade burguesa continua sendo, à sua maneira, tão agressiva e exploradora como a nobreza rapaz que a precedeu, sobretudo quando

Materialismo

se trata do seu comportamento no mercado. Só que ela se recusa a aceitar essa realidade. E o nome dessa recusa é moral. O resultado é uma discrepância grotesca entre o modo como essa ordem social se vê em teoria e o que ela faz na prática. O que ela proclama está em conflito com o que ela realiza. Por exemplo: ela matou Deus, já que realmente não existe lugar para ele numa sociedade secular e materialista; mas como ela é covarde demais para reconhecer seu próprio gesto de deicídio, ela continua a se comportar como se os valores absolutos que Deus representa ainda fossem válidos. Num tipo curioso de dissonância cognitiva, ela não acredita em Deus, mas não sabe que não acredita. Portanto, para Nietzsche, proclamar a morte de Deus é exigir que os burgueses corpulentos do seu tempo enfrentem as consequências horripilantes e divertidas do seu gesto supremo de revolta edípica.[25]

Assim, a civilização de classe média vive segundo uma ideologia que não consegue refletir o que ela realmente faz. E, por terem pouco enraizamento na realidade, esse tipo de ideologia provavelmente se mostra ineficaz. No entanto, se a visão de mundo oficial das classes médias refletisse o que elas fazem na realidade, o resultado seria um conjunto de valores que estariam baseados em sua atividade prática, mas que não conseguiriam *legitimá-la*. Eles seriam incapazes de apresentar essa atividade prática de uma forma atraente. Idealmente, nossos valores devem representar uma versão sublimada daquilo que realmente fazemos, para que possam refletir e ratificar isso; mas nas condições de mercado isso é muito difícil de alcançar.

É a esse dilema que a predileção de Nietzsche por uma casta guerreira nobre oferece uma solução conveniente. Pois o ponto de vista dessa casta reflete um pouco do conflito incessante do mercado contemporâneo; porém, ao fazê-lo, ele o reveste de um glamour e uma grandeza de alma que ele não tem na realidade. Na verdade, Nietzsche se refere, a certa altura, à necessidade de os produtores se tornarem nobres. Eles teriam ainda mais sucesso em manter o fantasma do

---

25 Discuti este tema de maneira mais detalhada em *Culture and the Death of God*, cap.5.

socialismo à distância. Portanto, seu pensamento corre em paralelo a uma tradição inglesa do pensamento social, de Coleridge e Carlyle a Ruskin e Disraeli, que recorre a determinados ideais feudais (ordem, comunidade, hierarquia, reverência, autoridade espiritual) como uma solução para os males do capitalismo industrial.[26] Ao transplantar uma série de valores importados para o *status quo*, se espera conferir a ele a legitimidade espiritual que ele não conseguiu por si só. O risco, porém, é que a distância entre esses valores e a vida diária se agigante de forma constrangedora.

O Super-Homem pode incutir o temor de Deus em cidadãos burgueses medrosos, mas ele também desponta como seu monstruoso *alter ego*. A forma arrogante com que ele lida com a lei, a estabilidade e o consenso social guarda certamente um encanto secreto para os empresários, que frequentemente precisam transgredir limites. Porém, para fazê-lo, eles têm de depender de uma estrutura robusta da ordem social – Deus, Estado, Igreja, família, valores morais absolutos e certezas metafísicas. Porém, se essa ordem facilita a sua atividade, ela também ameaça contrariá-la. A solução de Nietzsche para esse problema é de um radicalismo de arrepiar. Simplesmente jogue fora as estruturas e os fundamentos, para que os seres humanos possam viver de forma aventureira e experimental, liberando a produtividade infinita que é a vontade de potência. A sociedade de classe média não estava suficientemente desorientada para aceitar essa proposta. Como teoria, ela pode animar um seminário de filosofia, mas não é um modo de impedir as camadas inferiores de sair fora do controle.

A "vida" é, do começo ao fim, o valor mais elevado para Nietzsche, bem como é o credo de um de seus herdeiros espirituais, D. H. Lawrence. É para os negadores da vida – um conjunto heterogêneo de sacerdotes, pessimistas, niilistas, judeus, cristãos, kantianos, darwinistas, discípulos de Sócrates e Schopenhauer – que ele reserva seus

---

26 Ver, para essa tradição do pensamento social, Raymond Williams, *Culture and Society 1780-1950*.

Materialismo

ataques mais venenosos. Mas "vida" é um conceito inevitavelmente vago. Para Nietzsche, ela significa viver na fartura transbordante de nossas capacidades criativas; mas quem pode dizer o que isso significa, além de atormentar as formas inferiores de vida? Os agentes em questão podem ser considerados os melhores juízes; mas será que isso significa que a vida autêntica é qualquer coisa que eles disserem que é? E eles não podem se enganar? Será que "vida" implica dar livre curso às nossas capacidades, por mais potencialmente devastadoras que elas sejam? Isso seria uma ética naturalista em grau máximo. Viver na plenitude de nossas capacidades é, aos olhos de Nietzsche, viver como o universo vive, pois ele também, sendo apenas vontade de potência, se expande e se aprimora sem parar. Porém, por que viver bem deve significar se adaptar à natureza do cosmo? Muitos moralistas defenderam justamente o contrário. E se, de qualquer modo, a vontade de potência se expande e se aprimora, o que há de tão precioso em agir de uma forma que se conecta a esse processo?

Nietzsche opõe a vida à moral. Porém, ao fazê-lo, ele não consegue perceber que o pensamento moral mais engenhoso, de Aristóteles e Tomás de Aquino a Hegel e Marx, considera a moral justamente em termos do desenvolvimento humano. Ele reconhece, de todo modo, que precisamos especificar o que significa esse desenvolvimento numa determinada situação, que é para que serve o discurso moral; e a respeito dessa questão o próprio Nietzsche não diz praticamente nada. Ele é incapaz de apresentar os critérios por meio dos quais podemos concluir se uma ação é um florescimento da vida. (Um desses critérios – o aumento geral da felicidade humana – é um objeto particular do seu desprezo. Só o inglês, ele escarnece, acredita nisso.) Marx, por outro lado, tem esse critério, que ele herda de Hegel: ação moralmente recomendável significa realizar as capacidades de cada um reciprocamente na, e através da, autorrealização dos outros. Não é um argumento arrasador. Mas é um avanço em relação à afirmação de que a escravização de populações inteiras é justificada pelo fato de que ela lhe produz uma sensação gratificante de euforia.

5
O terreno acidentado

"No início, era a ação", declara Ludwig Wittgenstein em *Da certeza*, citando o *Fausto* de Goethe e (embora muito provavelmente sem saber) *Literatura e revolução*, de Leon Trotsky. "É a nossa *ação*", ele escreve, "que está na origem do jogo da linguagem."[1] Poderíamos arriscar que essa é a versão de Wittgenstein da afirmação de Marx de que o ser social determina a consciência. Nossas diversas formas de expressão estão ligadas às nossas formas práticas de vida, e só fazem sentido nesse contexto. Como explica A. C. Grayling, forma de vida para Wittgenstein é "o consenso subjacente de comportamentos, pressupostos, práticas, tradições e inclinações naturais linguísticos e não linguísticos que os seres humanos, como seres sociais, partilham uns com os outros, e que, portanto, está pressuposto na linguagem que eles usam".[2] Alasdair MacIntyre observa:

---

1 Ludwig Wittgenstein, *On Certainty*, p.23.
2 A. C. Grayling, *Wittgenstein*, p.84.

Articular frases sinteticamente impecáveis em intervalos regulares não é demonstrar capacidade de usar a língua [...] o uso de uma língua sempre está inserido em formas de prática social, e para compreender adequadamente o que é dito em ocasiões específicas numa determinada língua precisamos ter ao menos algumas das habilidades de um participante na forma relevante de prática social.[3]

O argumento de Wittgenstein é mais que a afirmação banal de que as palavras podem ter consequências sociais consideráveis. Ele sugere que devemos olhar para a vasta rede de práticas humanas, assim como para o substrato físico natural que as sustenta, para compreender o significado de termos como "talvez" e "em", não apenas termos como "liberdade" e "patriotismo". Seres corporais como nós precisam da palavra "talvez" porque estamos sujeitos ao tempo, ao espaço, ao acaso, ao erro, ao conhecimento incompleto, às capacidades racionais limitadas, às situações ambíguas, à pluralidade e à instabilidade do mundo material, à necessidade de realizar empreendimentos complexos e muitas vezes imprevisíveis, e assim por diante. Este não é o caso dos anjos. Anjos não precisam da palavra "talvez" porque não são entidades corporais que existem num mundo material mutável e, portanto, estão livres das contingências que afligem os seres humanos. Criaturas imperfeitas como nós estão fadadas a questionar seus próprios pressupostos de vez em quando, e se tornam, na expressão nietzschiana, "filósofos do perigoso 'talvez'",[4] mas anjos não estão sujeitos a esses espasmos de insegurança. Eles também não precisam da palavra "em", já que, na ausência de relações espaciais, não reconhecem a diferença entre interno e externo – uma diferença sem a qual nossos próprios projetos ficariam paralisados. O fato de os humanos usarem palavras como "em" e "talvez" pode revelar a um observador astuto de Alfa Centauri um bocado sobre eles. É nesse

---

3 MacIntyre, *Dependent Rational Animals*, p.30.
4 Nietzsche, *Beyond Good and Evil*, em *Basic Writings of Nietzsche*, p.201.

sentido que imaginar uma linguagem é imaginar uma forma de vida", como observa Wittgenstein em *Investigações filosóficas*.[5]

Pode parecer estranho, portanto, que no pensamento tardio de Wittgenstein esse argumento em larga medida materialista apareça junto da insistência de que "a linguagem permanece autossuficiente e autônoma".[6] Esse não é o tipo de visão que associamos ao idealismo linguístico? (Digamos, às teorias do contemporâneo de Wittgenstein, Ferdinand de Saussure, para quem a linguagem constitui um sistema semiótico fechado em que o signo permanece livre daquilo a que ele se refere.) Como o significante pode flutuar livremente se a linguagem está entrelaçada com nossa existência prática? Para Wittgenstein, porém, essas duas a firmações são aspectos do mesmo caso. Afirmar que a linguagem é autônoma não é duvidar que ela possa apresentar, de vez em quando, afirmações verdadeiras ou falsas a respeito do mundo. O que Wittgenstein nega é que isso aconteça por ela estar conectada de algum modo à realidade. Nessa teoria, a palavra *kuccha* – que, como o leitor não precisará ser informado, significa as calças curtas usadas como um dos cinco sinais distintivos do *sikh* Khalsa – adquire seu significado por estar relacionada a um par de calças curtas no *sikh* da vida real. Isso, na visão de Wittgenstein, é um pouco como imaginar que o valor de moeda é determinado pelo sanduíche de presunto que conseguimos comprar com ela, e não pela função da moeda na economia como um todo.

Wittgenstein rejeita essa teoria do significado por uma série de motivos, um dos quais é que ela parece muito menos plausível quando se trata de termos como "indescritível", "sorrateiramente" ou "Oh, Cristo". Ela é uma teoria do significado centrada no substantivo, coerente com uma visão de mundo centrada no objeto. "Não é possível compreender como as palavras se relacionam com os objetos", Charles Taylor salienta, "até que identifiquemos a natureza da

---

5 Wittgenstein, *Philosophical Investigations*, p.8.
6 Ludwig Wittgenstein, *Philosophical Grammar*, par.55.

Materialismo

atividade na qual elas se relacionam com os objetos."[7] Com esse espírito, Wittgenstein considera o significado como o modo em que uma palavra funciona numa forma específica de vida. É uma prática social, não um estado de espírito ou uma correlação fantasmagórica entre signos e objetos. Como observa um comentarista, "linguagem, razão, significado e mente são todos, para Wittgenstein, formas de atividade".[8] A linguagem não "reflete" a realidade nem se conecta com ela; ela é uma realidade material em si mesma. Nossos conceitos, Wittgenstein observa em *Remarks on Colour* [Considerações sobre a cor], não refletem nosso modo de vida, mas "ficam no meio dele".[9] E esse é, claramente, um ponto de vista mais materialista que idealista.

Wittgenstein pode considerar a linguagem uma atividade autônoma, mas ele não é o tipo de idealista linguístico que encontramos por toda parte numa cultura pós-moderna para quem ela "constrói" a realidade. Em vez disso, são os homens e as mulheres que a constroem por meio de seus projetos práticos, e a linguagem está entrelaçada nessa empreitada. É em nossa fala que essas formas de atividade são sedimentadas. Como diz Marx, num estilo eminentemente wittgensteiniano, "A produção de ideias, de representações e da consciência está [...] diretamente ligada ao comércio material dos homens, à linguagem da vida real".[10] O que constitui um objeto para os seres humanos não é a linguagem, mas as atividades sociais que a linguagem cristaliza. Verdade e mentira são questões linguísticas; mas se elas não são "apenas" linguísticas é porque a linguagem também não é simplesmente linguística. Ela está ligada às práticas do dia a dia; e, como veremos posteriormente, essas práticas, por sua vez, estão baseadas na natureza do corpo humano. A linguagem é sempre

---

7 Charles Taylor, Theories of Meaning, *Proceedings of the British Academy*, v.66, 1980, p.327.

8 Ted Schatzki, Marx and Wittgenstein as Natural Historians, em Gavin Kitching e Nigel Pleasants (Org.), *Marx and Wittgenstein: Knowledge, Morality and Politics*, p.55.

9 Ludwig Wittgenstein, *Remarks on Colour*, org. por G. E. M. Ascombe, p.302.

10 Engels e Marx, *The German Ideology*, p.47.

O terreno acidentado

mais que linguagem. Ter acesso a ela é ter acesso a um mundo. Ela é aquilo que abre a realidade, não aquilo que nos isola dela.

O que Wittgenstein chama de "gramática" é um conjunto de regras por meio das quais somos capazes de compreender as coisas; e essas gramáticas não estão relacionadas com a realidade. Não é como se algumas delas nos proporcionassem uma representação mais acurada do mundo que outras, como dizem que algumas declarações fazem. Isso seria como afirmar que o polonês capta a natureza das coisas mais fielmente que o urdu, ou que pôr o verbo no final de uma frase é mais correto que o pôr em algum lugar do meio. Vem à mente o patriota inglês que afirmava que sua língua era a mais natural de todas, já que as palavras aparecem na ordem em que as pensamos. As gramáticas são aquilo que, antes de mais nada, nos permite utilizar termos como "preciso", "representação" e "correto" de maneira significativa. Uma gramática pode ser mais útil que outra, e todas elas geram proposições que podem ser consideradas verdadeiras ou falsas; mas elas mesmas são anteriores à verdade e independentes do mundo, mais ou menos no sentido em que as regras de um jogo são independentes. As regras do xadrez não "refletem" a maneira como o jogo é; elas são, antes de mais nada, aquilo que o constitui como um jogo. Sempre é possível inventar outro conjunto de regras por meio das quais as peças se moveriam de maneira completamente diferente. Para Wittgenstein, a realidade não nos ensina como proceder para continuar dividindo-a mais do que o faz em relação a Nietzsche.

Porém, na visão de Wittgenstein, isso não significa que podemos repartir a realidade do jeito que quisermos. Nós alteramos nossos conceitos, diz ele em *Zettel*, quando descobrimos fatos novos. Não é provável que essa afirmação aqueça o coração dos idealistas linguísticos, para quem os fatos são meras interpretações que aconteceram de pegar. É por isso que eles sentem uma vontade irresistível de envolver o termo com aspas irônicas sempre que ele aparece. Wittgenstein ressalta também, na mesma obra, que a fisiologia desempenha um papel em nossa identificação das cores. Somos constrangidos, na produção

Materialismo

de um mundo por meio de leis naturais, por nossa constituição física, pelas práticas sociais existentes, por nossa natureza humana comum, pela força do hábito, das convenções e das tradições, e assim por diante.[11] Portanto, as formas de vida não são inteiramente contingentes. Elas também contêm características que são comuns à humanidade enquanto tal. Toda forma de vida tem de encontrar algum sentido na morte, na doença, na violência, na sexualidade e assim por diante.

Portanto, as gramáticas têm de acomodar o tipo de criatura que nós somos, bem como o curso geral do mundo; porém, na opinião de Wittgenstein, elas não estão baseadas nessas coisas. Elas não podem ser justificadas, do mesmo modo que jogar lacrosse* não pode ser justificado. O mesmo acontece, para Wittgenstein, com as formas de vida como um todo, que, no final, só repousam nelas mesmas. É apenas um surto paralisante de mal-estar metafísico ou ansiedade antológica que nos obriga a deslizar um alicerce robusto para debaixo delas, só para nos encontrarmos sobrecarregados com o problema de saber sobre o que esse alicerce, por sua vez, repousa.

Isso significa, então, que as formas de vida são doentiamente precárias, flutuando num vácuo luminoso? Pensar assim seria apenas o outro lado das desconfianças do metafísico. Temer que qualquer coisa pode sair flutuando pelo éter a qualquer momento se tudo não estiver definitivamente pregado é simplesmente ser vítima de uma metáfora enganosa. Há quem sustente que sem necessidades rígidas e razões indiscutíveis não há nada senão anarquia. Se as leis não são rigorosas, então elas devem ser incontrolavelmente vagas. A única alternativa à ordem total é o caos absoluto. Deixe de multar uma vez um ciclista

---

11 Uma descrição excelente, embora de certo modo exigente, das reflexões de Wittgenstein sobre esses assuntos pode ser encontrada em P. M. S. Hacker, *Insight and Illusion*, especialmente o cap.7. Ver também G. P. Baker e P. M. S. Hacker, *Wittgenstein: Understanding and Meaning*, p.37.

* Esporte coletivo popular nos Estados Unidos e no Canadá em que os jogadores utilizam um taco com um cesto na extremidade para carregar, passar e arremessar uma bola para o gol. (N.T.)

com a luz traseira queimada e (sentença-chave) *antes de você saber onde está* as ruas de nossas cidades estarão tomadas por assassinos psicopatas de olhar selvagem perambulando em busca de vítimas. O anarquista e o autoritário são gêmeos terríveis. O libertário descontraído é o filho pródigo do pai paranoico. Só que o primeiro se alegra com a desordem, enquanto o último a detesta. Fora isso, eles partilham a mesma lógica.

Como nossos conceitos estão inseridos no que Wittgenstein chama de "o terreno acidentado" de nossa vida cotidiana,[12] eles mesmos estão impregnados desses acidentes. Precisamos medir nossa distância do Sol com a precisão de um metro? Não faz sentido dizer "Fique mais ou menos aí"? Uma imagem desfocada de alguém não é uma imagem de todos eles? É verdade que há momentos em que exigimos precisão, não indeterminação. Contamos "com precisão implacável", Wittgenstein ressalta em *Remarks on the Foundations of Mathematics* [Comentários sobre os fundamentos da matemática],[13] mas isso é porque a atividade de contar é extremamente vital para nossa vida prática. É aquilo que fazemos que reveste alguns de nossos jogos de linguagem de uma certa necessidade rigorosa, que, na visão nietzschiana de Wittgenstein, podemos então chegar a confundir com uma característica do próprio mundo. Vistos de fora, os jogos parecem bastante arbitrários, e não é difícil achar que poderíamos trocar um pelo outro. Porém, vistos de dentro, suas regras exercem uma força coercitiva, mas nem por isso inabalável. É por estarem inseridas numa forma prática de vida que as regras e convenções têm a força que têm. Se fossem puramente linguísticas, elas exerceriam muito menos autoridade sobre nós. Quando alguém diz que age de acordo com as convenções está dizendo que é influenciado pela ação dos outros. Linguagem e convenção são sinais de nossa solidariedade uns com os outros.

* * *

---

12 Wittgenstein, *Philosophical Investigations*, p.46.
13 Ludwig Wittgenstein, *Remarks on the Foundations of Mathematics*, p.37.

Materialismo

Formas de vida, Wittgenstein insiste, são simplesmente "dados". Quando perguntam a uma pessoa por que ela faz as coisas de uma determinada maneira, ela pode responder apenas: "É assim que eu ajo". Wittgenstein sustenta que as respostas têm de chegar ao fim em algum lugar. Não surpreende que ele tenha ficado com a fama de pensador conservador. No entanto, embora ele realmente seja, em alguns aspectos, um pensador conservador, não é por esse motivo. Reconhecer a indisputabilidade de uma forma de vida não é necessariamente endossar seus valores éticos ou políticos. "É assim que eu ajo" é uma resposta suficientemente razoável quando se pergunta por que a pessoa mede as distâncias em milhas e não em quilômetros, mas não quando se pergunta por que a pessoa aplica injeções letais nos cidadãos que não conseguem mais trabalhar. Formas de vida são conceitos mais antropológicos que políticos. O que é "dado" são práticas como esfregar o nariz um no outro, enterrar os mortos, medir a distância entre assentamentos humanos, imaginar que temos o futuro pela frente ou fazer, na própria linguagem, a distinção entre diversas formas de risada (gargalhada, riso alto, sorriso afetado, riso nervoso etc.), mas não uma distinção entre um sobrinho adolescente e um pré-adolescente, como algumas sociedades tribais podem achar apropriado fazer.

Nenhuma dessas formas de vida está imune à mudança; mas de vez em quando elas compõem o contexto dentro do qual nosso discurso faz sentido, e são, portanto, num sentido provisório, fundadoras. Um fundamento não é necessariamente menos fundamento porque pode não existir amanhã ou em outro lugar do mundo. Como Wittgenstein observa com seu estilo simples, não diga que não existe uma última casa na estrada alegando que alguém sempre pode construir outra.[14] De fato, alguém poderia; mas neste momento *esta* é a última. Não devemos permitir que o subjuntivo supere o indicativo. Uma forma de vida é uma espécie de fundamento, mas um

---

14 Wittgenstein, *Philosophical Investigations*, p.14.

fundamento que o metafísico pode demorar a perceber como tal. Por um lado, fundamentos metafísicos são menos mutáveis e abertos que culturas humanas, e, por outro, eles tendem a ser singulares (Deus, *Geist*, princípios racionais apriorísticos, essências fenomenológicas e assim por diante), ao passo que formas de vida são incorrigivelmente plurais.

Em termos morais e políticos, Wittgenstein certamente não defendia a forma de vida conhecida como civilização ocidental do século XX. Há muitos motivos para acreditar que ele estava profundamente infeliz com a cultura da modernidade de classe média na qual, sendo um vienense de classe média alta extremamente culto, ele se sentia isolado. "Uma época sem cultura" é como ele a descreveu certa vez.[15] Ele próprio pode não ter sido marxista, mas alguns dos seus melhores amigos eram.[16] Entre eles estão Nikolai Bakhtin, antigo Guarda Branco, boêmio parisiense da margem esquerda do Sena e legionário da Legião Estrangeira francesa, irmão mais velho do mais conhecido Mikhail e membro do Partido Comunista Britânico; o antigo historiador George Thomson, que se converteu mais tarde ao maoismo e era defensor da língua irlandesa; Maurice Dobb, economista do Partido Comunista; o germanista Roy Pascal; e o economista italiano Piero Sraffa, companheiro do preso Antonio Gramsci. Wittgenstein era considerado comunista em alguns círculos de Cambridge, e confidenciou a um amigo que, de fato, no fundo ele era. Seu namorado, Francis Skinner, apresentou-se como voluntário para lutar com a Brigada Internacional na Guerra Civil Espanhola, mas foi dispensado por razões médicas. Outro amigo, Frank Ramsay, foi recusado por Wittgenstein como um filósofo "burguês" que se furtou a romper radicalmente com as maneiras de pensar existentes.

---

15 Citado em J. C. Nyiri, Wittgenstein's Later Works in Relation to Conservatism, em Brian McGuinness (Org.), *Wittgenstein and His Times*, p.57.

16 Investiguei mais este assunto em meu artigo Wittgenstein's Friends, em Terry Eagleton, *Against the Grain*, cap.8.

Materialismo

Em 1935, durante a idade de gelo do stalinismo, Wittgenstein viajou à União Soviética e, com uma excentricidade típica, pediu permissão para se tornar um trabalhador braçal no país. As autoridades aparentemente não ficaram muito entusiasmadas com a estranha proposta. O fato de Wittgenstein ser uma espécie de stalinista não é o assunto mais ventilado entre seus admiradores, embora isso pareça ter acontecido. Seu biógrafo, Ray Monk, ao ser confrontado com a insinuação, descarta-a secamente como um "absurdo", enquanto ao mesmo tempo fornece muitas evidências da admiração de seu biografado pelo regime de Stálin.[17] Wittgenstein não se mostrava impressionado com a questão dos campos de trabalho e da tirania soviética, insistindo que quem denunciava Stálin não tinha ideia dos problemas e perigos que ele enfrentava. Ele continuou encarando de maneira favorável a União Soviética mesmo depois dos processos sumários e do pacto nazista-soviético, afirmando que o que mais desgastaria sua simpatia pelo regime seria o crescimento das diferenças de classe.[18] Ele foi membro de uma universidade que produziu posteriormente uma célebre ninhada de agentes duplos e, embora ele mesmo não fosse espião, era, como Burgess, Blunt, Maclean, Philby e outros, um dissidente da classe alta.[19] Ele talvez conhecesse parte da obra de Marx, certamente lia o jornal de esquerda *The New Statesman*, detestava Winston Churchill e pretendia votar no Partido Trabalhista nas eleições gerais de 1945. Ele também se preocupava com o desemprego em massa e a ameaça do fascismo. Monk não tem dúvida de que ele era solidário com os desempregados, a classe operária e a esquerda política. "Eu estava olhando uma fotografia do Gabinete Britânico",

---

17 Ver Ray Monk, *Ludwig Wittgenstein: The Duty of Genius*, p.354.

18 Para uma descrição a respeito de Wittgenstein e a União Soviética, ver John Moran, Wittgenstein and Russia, *New Left Review*, p.83-96.

19 Quem quer que estivesse recrutando espiões soviéticos no Trinity College, Cambridge, não tinha tudo a se favor. Meu próprio orientador na faculdade era um recrutador da Inteligência Britânica, embora ele não fosse tão imprudente a ponto de tentar me recrutar.

Wittgenstein observa sarcasticamente, "e pensei comigo mesmo: 'um monte de velhos ricos'."[20] É tentador detectar um toque edipiano nesse desprezo, uma vez que o monstruosamente autoritário pai de Wittgenstein era o industrial mais rico do império Austro-Húngaro.

Se Wittgenstein se sentia atraído pela União Soviética, pode muito bem ter sido por razões basicamente conservadoras: seu respeito pela ordem, pela disciplina e pela autoridade; sua idealização tolstoiana do trabalho manual (do qual ele próprio era extremamente adepto); sua predileção alto-modernista pela austeridade (que ele chamava de "andar descalço", mas que na Rússia de então pode ser chamada mais francamente de indigência); para não falar da sua simpatia por uma nação que tinha produzido seu amado Dostoievski, além de um valioso patrimônio espiritual. Quanto à idealização do trabalho manual, Wittgenstein exortava frequentemente seus colegas e alunos a desistir da filosofia e fazer algo útil para variar. Quando um jovem discípulo talentoso o levou a sério e passou o resto da vida trabalhando numa fábrica de conservas, dizem que Wittgenstein ficou radiante. Justiça seja feita, ele tentou seguir seu próprio conselho, trocando Cambridge de vez em quando por um modo de vida mais humilde, apenas para ser caçado e trazido de volta ao cativeiro intelectual.

Mesmo assim, o marxismo foi uma influência importante, embora indireta, no pensamento tardio de Wittgenstein. Foi a crítica da economia burguesa de Piero Sraffa, que procurou restituir suas categorias reificadas a seus contextos históricos, que ajudou a inspirar o que podemos chamar de reviravolta antropológica no pensamento de seu colega, e que forneceu às *Investigações* aquilo que Wittgenstein, no prefácio dessa obra, chamou de suas "ideias mais consequentes". Também foi Sraffa que fez o gesto napolitano dos dedos estendidos debaixo do queixo que contribuiu para transformar

---

20 Citado em Maurice O'Connor Drury, Conversations with Wittgenstein, em Rush Rhees (Org.), *Ludwig Wittgenstein: Personal Recollections*, p.158.

o conceito de linguagem de Wittgenstein, enquanto os dois homens viajavam juntos de trem.[21] Quando se trata de expressão corporal, é difícil igualar os italianos. Se Sraffa forneceu a prática, o amigo de Wittgenstein George Thomson pode ter providenciado parte da teoria, ao escrever em seu ensaio a respeito da filosofia antiga o que ele considera ser a natureza originalmente gestual da linguagem.[22] O livro de Thomson lida, entre outras coisas, com o poético; e a poesia é uma das junções entre mente e corpo, como um lugar em que o significado está ligado a aspectos somáticos como som, tom, cadência, textura, volume e ritmo. Nesse sentido, a linguagem é duplamente material: tanto um meio sensorial em si mesmo, como um meio que expressa a essência do corpo.

Thomson observou certa vez que Wittgenstein era marxista na prática, mas não na teoria. É difícil perceber como isso pode ser verdade a respeito de um homem que censurou grevistas por falta de autocontrole e reprovou severamente ativistas pela paz chamando-os de "escória".[23] Ele também associou fascismo e socialismo entre os aspectos da modernidade que ele considerava "falsos e estranhos".[24] Wittgenstein pode ter se condoído da situação dos desempregados, mas ele também valorizava muito os costumes, a lealdade, a ordem, a reverência, a autoridade e a tradição, além de condenar a revolução como imoral. Nietzsche, para quem a fineza de uma pessoa pode ser medida por seu instinto pela reverência, compartilhava grande parte dessas opiniões, embora ele certamente teria considerado a fé de Wittgenstein nos costumes, nas convenções e na sabedoria do dia a dia como uma capitulação a uma desprezível moral de "rebanho". Como homem, Wittgenstein podia ser arrogante, autoritário e tediosamente exigente, com um toque extra de altivez aristocrática.

---

21 Ver Norman Malcolm, *Ludwig Wittgenstein: A Memoir*, p.58.

22 Ver George Thomson, *The First Philosophers*.

23 Wittgenstein, *Culture and Value*, p.49.

24 McGuinness, *Wittgenstein and His Times*, p.9.

O pluralismo generoso do seu pensamento tardio vai na contramão de seu temperamento arrogante. Sua sociabilidade se choca com seu ascetismo monacal. Ele considerava que o provérbio inglês "o mundo é feito de gente diferente" era um ditado belíssimo e amável, mas parece que achava muitos desses tipos extremamente desagradáveis.

Se o pensamento tardio de Wittgenstein é bastante não nietzschiano, havia, no entanto, uma pitada do *Übermensch* em sua personalidade austera, imponente e não conformista. Como o animal do futuro de Nietzsche, ele era um espírito livre e extremamente independente que buscava a solidão na natureza. Desencantado com a ideia de liberdade individual, ele passou a sofrer influência de Oswald Spengler, talvez o mais influente pensador conservador europeu do início do século XX.[25] De fato, grande parte do seu pensamento social e político parecia brotar da linhagem germânica da chamada *Kulturkritik*, com sua hostilidade à ciência, ao progresso, ao liberalismo, à igualdade, ao mercantilismo, à tecnologia, à democracia e ao individualismo possessivo, e sua aversão a conceitos abstratos e visões utópicas, preconceitos esses que Wittgenstein compartilhava.[26] De modo geral, cavalheiros não precisam justificar sua existência por meio de algo tão vulgar como uma teoria.

Os *Kulturkritikers*, um grupo que inclui Friedrich Nietzsche, defendem a visão espontânea e intuitiva do aristocrata, ao contrário do racionalismo árido das classes médias. O conhecimento é mais saber como do que saber por quê. Para esses tradicionalistas da Europa Central, a vida cotidiana está livre da angústia, do desenraizamento e do tormento espiritual que assola o alto-modernismo. Poucos hábitos mentais são mais estranhos ao modernismo que a

---

25 Ver David Bloor, *Wittgenstein: A Social Theory of Knowledge*, p.163ss.

26 Para um retrato esclarecedor de Wittgenstein ao longo dessas linhas, ver Neil Turbull, Wittgenstein's *Leben*: Language, Philosophy and the Authority of Everyday Life, em Connor Cunningham e Peter M. Candler (Org.), *Belief and Metaphysics*, p.374-92.

confiança tranquila de Wittgenstein no ordinário. Ele está tão distante da turbulência desse movimento como Goethe está da confusão mental de seus compatriotas românticos. Os dois pensadores são decididamente antitrágicos. De fato, Wittgenstein escreve em *Cultura e valor* que o espírito trágico lhe é estranho. Movendo-nos tranquilamente dentro da esfera segura de nosso ambiente cotidiano, só chegamos à nossa própria filosofia quando, por meio de uma artimanha de linguagem ou ilusão metafísica, existe o perigo de perder contato com essa fonte perene de bom senso.

Portanto, a razão e o conhecimento podem ser parcialmente moldados no corpo, uma forma de conhecimento considerada mais primitiva e confiável que a mente. Eu posso saber onde está meu cotovelo a qualquer momento, sem precisar usar uma bússola. Temos um conhecimento tácito do mundo-vida da mesma forma que conhecemos nossa própria carne. Nenhum deles pode ser totalmente ou plenamente objetivado, independentemente do que os racionalistas possam arrogantemente imaginar. Como observa Merleau-Ponty, nosso corpo "nos fornece uma maneira de ter acesso ao mundo e ao objeto [...] que deve ser reconhecida como original e talvez como originária".[27] Existe um tipo de compreensão somática que não é redutível às chamadas representações mentais. Existem muitos casos em que a minha relação com meu corpo não é uma questão cognitiva. Wittgenstein insiste que não temos conhecimento de nossa própria experiência. Será que eu sei que estou sofrendo? Ele pergunta. Não. Então eu não sei? Uma vez mais, não. A palavra "sei" simplesmente não se aplica neste caso. É como uma engrenagem solta na máquina da linguagem que não está conectada com nada que a rodeia. O verbo "saber" só tem força quando é possível não saber, o que não acontece neste caso. Posso falar que sei que você está sofrendo, já que posso estar numa posição de não saber isso, mas não posso saber que eu estou sofrendo.[28]

---

27 Merleau-Ponty, *Phenomenology of Perception*, p.162.
28 Ver Wittgenstein, *Philosophical Investigations*, p.89.

Qual é o segredo das contradições aparentes nas posições políticas de Wittgenstein? Como alguém consegue ficar suspenso dessa maneira entre Marx e Nietzsche? Não parece haver muita dúvida de que esse tradicionalista meticuloso de fato defendia uma série de ideias de esquerda, apesar das palavras de uma amiga que era suficientemente corajosa para lhe dizer na cara que o marxismo não era nem de longe tão desacreditado como as suas próprias "opiniões políticas antiquadas".[29] Talvez algumas dessas convicções esquerdistas tenham perdido força em seus últimos anos. Mas também pode ser que a sua simpatia pelo marxismo tenha surgido em parte daquilo que Raymond Williams chamou de "identificação negativa".[30] Como um crítico conservador e culturalmente pessimista da modernidade de classe média, Wittgenstein se sentiu capaz de cerrar fileiras com seus colegas comunistas em alguns aspectos, enquanto repudiava suas convicções em outros. É um exemplo da adoção dos inimigos do seu inimigo como seu amigo; ou, se preferirem, do relacionamento secreto do latifundiário com o caçador clandestino e não com o guarda-florestal pequeno-burguês. Afinal de contas, o tradicionalista tem muita coisa em comum com o socialista. Ambos os lados pensam em termos corporativos, o que não acontece com o individualista liberal ou o partidário do livre mercado. Ambos consideram que a vida social é prática e institucional até a medula. Nesse sentido, existe um materialismo da direita assim como da esquerda. Nenhuma das partes se entusiasma muito com o mercado capitalista ou com a democracia parlamentar. Ambas consideram que as relações humanas são a matriz da identidade pessoal, não uma violação dela. Ambas procuram punir uma racionalidade que se considera mais importante do que realmente é, devolvendo-a para o lugar que lhe cabe no interior da vida social como um todo. Se marxistas como Bakhtin e Sraffa

---

29 Fania Pascal, Wittgenstein: A Personal Memoir, em Rhees, *Ludwig Wittgenstein: Personal Recollections*, p.35.
30 Ver Williams, *Culture and Society*, p.176-7, 271-2.

Materialismo

rejeitam o presente em nome do futuro, Wittgenstein pode tê-lo desprezado em nome do passado.

O pensamento tardio de Wittgenstein é, então, uma expressão do seu conservadorismo? É verdade que, como filósofo, ele pensa em termos de costumes e convenções, de atitudes arraigadas e formas de comportamento consolidadas. E essa disposição certamente é moldada, em certa medida, por suas perspectivas sociais mais abrangentes. No entanto, não existe nada de necessariamente conservador nesse caso. Uma sociedade socialista também funcionaria por meio de crenças habituais e formas de prática bem entranhadas, ao menos se ela existisse por um tempo suficiente. Não é como se tudo estivesse eternamente aberto à discussão. As cooperativas autogeridas funcionam tanto por meio dos costumes e das convenções como as festas de jardim do palácio de Buckingham. As sociedades de esquerda valorizam seus legados históricos tanto quanto as de direita. Na verdade, foi Leon Trotsky que observou que revolucionários como ele tinham sempre vivido dentro da tradição. Se o respeito pela autoridade é uma espécie de segunda natureza para os conservadores, a desconfiança dela pode ser algo muito semelhante para seus adversários radicais.

Ainda assim, o conservadorismo de Wittgenstein realmente impõe limites ao seu pensamento. Não é verdade, como ele afirma, que para resolver nossos problemas nós precisamos apenas reorganizar o que já sabemos. Isso, na verdade, é algo flagrantemente e ridiculamente falso. Também não é verdade, como ele sugere, que alguém que procura uma resposta para essas questões é igual a um homem aprisionado num quarto que não percebe que a porta não está trancada, mas que ele precisa puxá-la e não a empurrar.[31] Essa conversa é tão maliciosa que chega a irritar. Ela se parece muito com a complacência empavonada que Wittgenstein desprezava, embora ele viesse a adotar alguns de seus hábitos mentais mais desagradáveis. De qualquer modo, que dizer dos conflitos e contradições inerentes

---

31 Wittgenstein, *Culture and Value*, p.42.

O terreno acidentado

a uma forma de vida? Não há momentos em que o consenso entra em colapso? Os costumes e as convenções não podem estar sujeitos a uma disputa feroz? "É característico de nossa linguagem", escreve Fergus Kerr parafraseando o argumento de Wittgenstein, "que ela surge sobre os alicerces de formas estáveis de vida, de maneiras regulares de agir."[32] Mas formas de vida nem sempre são estáveis ou maneiras regulares de agir, sobretudo em períodos de instabilidade política. O próprio Wittgenstein viveu nesse tipo de período – no qual uma crise social e política de proporções gigantescas se fez presente, entre outros lugares, na confusão de estabilidade e regularidade que conhecemos como modernismo. Talvez seu apreço pelo costume e pela tradição fosse em parte uma compensação dessa convulsão histórica, uma pontada de nostalgia de uma época menos litigiosa.

Uma característica surpreendente da modernidade é sermos incapazes de chegar a um acordo até mesmo sobre os princípios fundamentais. Quase todos consideram que tentar asfixiar as inúmeras criancinhas que encontramos na rua não é um procedimento recomendável, mas não conseguimos concordar em por que concordamos com isso, e talvez nunca consigamos. O pluralismo liberal pode incluir fazer um pacto com aqueles cujas opiniões rejeitamos totalmente. Um dos preços que pagamos pela liberdade é ter de aguentar um monte de asneiras ideológicas. Pelo menos nesse sentido não existe concorrência entre formas de vida. Alguém poderia replicar que isso é confundir o conceito essencialmente antropológico de forma de vida com a unanimidade moral ou política. Mesmo assim, o conservadorismo social de Wittgenstein pode levá-lo a subestimar a discórdia e o antagonismo, projetando o antropológico no político. A ideia de conflito *estrutural* lhe parecia bastante estranha. É difícil afastar a suspeita de que quando pensa numa forma de vida o que ele tem em mente é uma tribo ou um povoado rural, não uma sociedade industrial avançada. É verdade que as formas de vida penetram mais fundo

---

32 Fergus Kerr, *Theology After Wittgenstein*, p.120.

Materialismo

que os conflitos morais e políticos, no sentido de que (por exemplo) ambos os partidos da Guerra Civil Inglesa multiplicavam e subtraíam da mesma maneira, diferenciavam os objetos animados dos inanimados e pensavam que o passado tinha ficado para trás. Na verdade, a menos que os dois lados compartilhassem uma série de categorias fundamentais, não se poderia dizer que eles tinham se confrontado, pois o confronto pressupõe uma base comum mínima. No entanto, nem sempre pode ser fácil diferenciar o político do antropológico. De todo modo, também pode haver controvérsias no nível "antropológico". Talvez formas de vida diferentes possam se sobrepor em certos aspectos, mas não em outros. No futuro poderá existir um grupo de pessoas que compartilha suficientemente nossa maneira de fazer as coisas a ponto de pagar imposto de renda e usar transporte público, mas que considera que seu corpo é uma extensão de uma substância extremamente refinada parecida com vidro e enxerga espíritos maus de cócoras em nosso ombro.

Não existe conceito de ideologia na obra de Wittgenstein. É verdade que ele se preocupa muito com o que se poderia chamar de falsa consciência – as diversas ilusões metafísicas criadas por nossa linguagem e por nossa forma de vida. Mas ele não tem noção do que Jürgen Habermas chama de "comunicação sistematicamente distorcida",[33] que dirá da relação disso com o poder político. Para ele, nossa linguagem está em ordem tal como é, mesmo se ela gera de vez em quando aqueles pseudoproblemas cuja solução cabe à filosofia. Não devemos considerar que esses enigmas estejam a serviço do poder, que é como Marx vê a ideologia. Eles não têm uma função específica na vida social, embora possam muito bem estar baseados nela, como veremos logo mais.

Ainda assim, existe um paralelo claro entre o estilo de filosofar de Wittgenstein e a crítica marxista da ideologia. Não é como se o primeiro lidasse com a linguagem enquanto o segundo abordasse

---

33 Jürgen Habermas, On Systematically Distorted Communication, *Inquiry*, p.2015-8.

a vida real. Já vimos que para Wittgenstein não pode haver uma distinção clara entre os dois. "Os problemas da filosofia", observa um especialista em Wittgenstein, "têm sua origem numa distorção ou num mau funcionamento dos jogos de linguagem, o que, por sua vez, sinaliza que há algo de errado com os modos com os quais os homens vivem."[34] A célebre insistência de Wittgenstein que nossa linguagem está em ordem tal como é pode ser interpretada como autossatisfação presunçosa; mas ela também pode representar uma censura materialista ao intelectualismo imaturo que espera corrigir as mazelas humanas reordenando nosso discurso ou renovando nossas ideias. A linguagem está em ordem na medida em que ela registra o que está errado com nossa forma de vida, bem como o que ela tem de positivo. Em qualquer outro sentido do termo, ela está longe da boa forma.

Tratar um problema filosófico, Wittgenstein observa em *Investigações*, é como tratar uma doença. Ele escreveu em *Remarks on the Foundations of Mathematics* [Comentários sobre os fundamentos da matemática] que "só é possível curar a doença dos problemas filosóficos através de uma mudança de pensamento e de vida, não através de um remédio inventado por alguém".[35] Marx poderia ter dito praticamente o mesmo com relação à ideologia. Para ambos os pensadores, esses problemas conceituais são sintomáticos, um pouco como o sintoma neurótico, para Freud, assinala o lugar de um distúrbio patológico na vida diária – que, como a ideologia, tanto revela como esconde. Já vimos que Nietzsche considera a própria moral um tipo de linguagem de sinais ou sintomatologia. Marx, Nietzsche, Freud e Wittgenstein não querem tratar sintomas. Em vez disso, eles procuram atacar a raiz da doença, ou seja, abordar suas diferentes expressões com espírito diagnóstico. Somente através de uma mudança de comportamento é que algumas de nossas confusões conceituais

---

34 Georg H. von Wright, Wittgenstein in Relation to His Times, em McGuinness (Org.), *Wittgenstein and His Times*, p.111.

35 Wittgenstein, *Remarks on the Foundations of Mathematics*, p.57.

Materialismo

poderão ser destinadas à lata de lixo da história. "Não tenho certeza", Wittgenstein observa, "que preferiria que minha obra fosse continuada por outras pessoas a uma mudança no modo de vidas das pessoas que tornaria todas essas questões supérfluas."[36]

A mudança que ele tem em mente não é principalmente política. Enquanto Marx considera que as práticas são sistêmicas, de modo que uma alteração suficientemente profunda naquilo que fazemos tem de implicar uma transformação estrutural, Wittgenstein não enxerga o mundo desse ponto de vista. No entanto, a sociedade que cria algumas das ilusões que Wittgenstein procura desmistificar é aquela que Marx certamente teria reconhecido. É o individualismo burguês, entre várias outras fontes de ilusão, que Wittgenstein tem em mente, embora ele mesmo certamente não teria usado esse termo, nem imaginado que o socialismo fosse uma solução satisfatória para ele. O que ele está disposto a contestar, entre outras coisas, é a imagem do sujeito autotransparente com a posse incontestável da sua experiência privada, confiando que a verdade das coisas está ancorada com segurança em sua esfera privilegiada, isolada pelas paredes do seu corpo dos outros eus e do mundo, e, portanto, dada a certa desconfiança quanto à solidez ontológica deles. Para esse ego imaterial e autoconstituído, a linguagem, as relações sociais, sua própria carne e seu próprio sangue são fenômenos secundários, pedaços da esfera pública relacionados com ele apenas acidentalmente. Seu grito desafiador é "Vocês não podem ter minhas experiências!". Mas como ressalta um comentarista, não é verdade nem falso que vocês não podem ter minhas experiências, já que a frase "ter a experiência de outra pessoa" não faz sentido.[37] No sentido da palavra "ter" em questão aqui, eu também não tenho minhas próprias experiências. Ou, aliás, não deixo de tê-las.

---

36 Wittgenstein, *Culture and Value*, p.61.
37 Ver Hacker, *Insight and Illusion*, p.233.

O terreno acidentado

Na opinião de Wittgenstein, as formas metafísicas de pensamento são falsamente homogeneizadoras, juntando fenômenos que precisam ser diferenciados. Ele considerava que a maioria de nossos erros tinha origem nesse hábito, e que eram as diferenças que precisávamos discernir. Alguns pensadores marxistas, sobretudo Georg Lukács e os luminares da Escola de Frankfurt, procuraram, com o mesmo espírito, revelar o que consideram as características formalizadoras, homogeneizadoras e universalizantes do pensamento burguês, e localizaram suas origens nas estruturas do capitalismo. George Thomson, colega de Wittgenstein, faz exatamente isso em *Os primeiros filósofos*, que acompanha as origens da filosofia até a troca mercantil. A obra tem uma característica marxista nitidamente "vulgar", da qual o próprio Wittgenstein é bastante inocente. Mesmo assim, parece que ele percebeu uma relação entre certas asneiras filosóficas típicas e a civilização que ele considerava extremamente desagradável.

Convencer as pessoas a mudar seu modo de vida não é uma questão simples. Wittgenstein acredita que os homens e as mulheres estão mergulhados profundamente numa confusão mental, e libertá-los dessa situação significa "arrancá-los da enorme quantidade de elos que os mantêm seguros. É necessária uma espécie de reorganização do conjunto da sua linguagem". Essa emancipação é tão radical que ela "só vai dar certo com aqueles em cuja vida já exista uma revolta instintiva contra a linguagem em questão, e não com aqueles cujo conjunto de instintos é viver no mesmo rebanho que criou essa linguagem como a sua expressão adequada".[38] O pensador que foi acusado de consagrar a sabedoria banal da vida diária ataca aqui com um rosnado nietzschiano ("rebanho"). A metáfora política da revolta, a violência do "arrancá-los", a sensação de um profundo antagonismo entre o "rebanho" conformista e aqueles que são suscetíveis de esclarecimento: esta dificilmente é a linguagem de um paladino do senso

---

38 Citado por Von Wright, Wittgenstein in Relation to His Times, p.113.

Materialismo

comum. Na verdade, Wittgenstein rejeita explicitamente qualquer populismo filosófico desse tipo. Ele observa que não devemos tentar evitar um problema filosófico recorrendo ao senso comum, mas nos permitirmos ser arrastados por completo para dentro da dificuldade, para que, mais cedo ou mais tarde, consigamos sair dela.[39] Nesse sentido, ele está longe de ser um filósofo da "linguagem comum". Imaginamos que ele não ficaria muito impressionado com a afirmação de Gilbert Ryle de que tinha convencido um estudante de Oxford a não cometer suicídio ao lhe apontar que a gramática do "nada importa" é diferente da gramática de "não diz nada". Ao contrário, ele considera que a chamada linguagem comum está cheia de miragens: "Em nossa linguagem existe toda uma mitologia incorporada".[40]

Para Marx, o proletariado só poderia se emancipar por si mesmo e por mais ninguém, enquanto para Freud é o paciente que tem de realizar a maior parte do difícil trabalho psicanalítico. Por sua vez, Wittgenstein considera que a tarefa do filósofo não é entregar frontalmente a verdade, uma estratégia que reduziria a filosofia a um assunto puramente teórico, mas apresentar aos leitores uma série de chistes, imagens, histórias, interjeições, perguntas irônicas, divagações em voz alta, fragmentos de diálogos e questões sem resposta, para que eles possam atingir um ponto semelhante ao *koan*,* no qual a iluminação penetra neles e eles passam a ver o mundo de uma nova perspectiva. É um conjunto de táticas que Søren Kierkegaard também emprega com o nome de "indireção". "O único método correto de fazer filosofia", Wittgenstein observa, "consiste em não dizer nada e deixar que a outra pessoa faça uma afirmação [...] Eu simplesmente atraio a atenção da outra pessoa para aquilo que ela realmente está

---

39 Ver Alice Ambrose (Org.), *Wittgenstein's Lectures: Cambridge 1932-1935*, p.108-9.

40 Citado por Kenny, Wittgenstein and the Nature of Philosophy, p.13.

* O *koan* é uma narrativa, um diálogo, uma questão ou uma afirmação no budismo zen que contém aspectos que são inacessíveis à razão. Dessa forma, o *koan* tem como objetivo propiciar a iluminação espiritual do praticante. (N.T.)

O terreno acidentado

fazendo e me abstenho de fazer declarações."[41] Surpreende que ele não tenha colocado seus colegas e alunos em sofás em vez de sentá-los em espreguiçadeiras, como era seu costume.

Para Freud, a psicanálise é uma prática e não, em primeiro lugar, um discurso teórico; para Wittgenstein, a filosofia é uma prática e não, de modo algum, um discurso. A exemplo da psicanálise ou da crítica marxista da ideologia, ela é uma atividade desmistificadora, uma terapia mantida em reserva para casos particularmente graves de mistificação. Precisamos usá-la, Wittgenstein insiste, contra a filosofia e "o filósofo dentro de nós".[42] Somos todos metafísicos espontâneos, joguetes da falsa consciência incorporada em nossa linguagem e em nossas formas de vida. Se o filósofo e o psicanalista têm trabalho garantido para o resto da vida, não é porque eles ensinam verdades imorredouras, mas porque a fantasia e a ilusão são tão endêmicas na humanidade como a gripe. Como os médicos, os filósofos tornam seus serviços supérfluos inúmeras vezes. Como então a tarefa da filosofia, como Wittgenstein sugere às vezes, pode ser simplesmente devolver as palavras de seus usos metafísicos para seus usos cotidianos quando a própria vida diária está permeada de ilusões metafísicas?

Apesar de suas suspeitas obscuras da filosofia, Wittgenstein é suficientemente gentil para lhe conceder um valor limitado. Ele acredita que, para mudar o mundo, temos de mudar o modo como olhamos para ele, e a filosofia pode ser útil nesse aspecto.[43] No entanto, embora a mudança do modo como olhamos para as coisas seja uma condição necessária para mudá-las na realidade, ela não é, na visão de Wittgenstein, suficiente, assim como não é para Marx. É por isso que ele insiste vergonhosamente que a filosofia deixe tudo como

---

41 Citado em Hacker, *Insight and Illusion*, p.155. Em sua forma mais degenerada, isto é conhecido como um tutorial de Oxbridge [junção de Oxford com Cambridge, quando algo diz respeito às duas universidades – N.T.] à moda antiga.

42 Citado por Kenny, Wittgenstein and the Nature of Philosophy, p.13.

43 Ver Malcolm, *Ludwig Wittgenstein: A Memoir*, p.39.

Materialismo

estava. Sua tarefa não é apresentar nossas maneiras de comunicar com um fundamento, pois ele já tem uma em nossa forma de vida. Quão absurdamente idealista imaginar que são os *filósofos* que podem transformar nossa ação! "O homem revolucionário é aquele que primeiro conseguir revolucionar a si mesmo", observa Wittgenstein,[44] e um filósofo não pode fazer isso por você, do mesmo modo que não pode espirrar em seu lugar. Como bocejar ou vomitar, a emancipação é algo que Wittgenstein tentou fazer por si mesmo. Como alguém que era atormentado pela estranha forma de mania conhecida como consciência protestante, para ele a necessidade de reconstruir a própria vida não era uma piedade vazia. Como filho de um industrial fabulosamente rico, ele abriu mão da maior parte da sua fortuna considerável e ao longo da sua carreira entre a fortuna e a sarjeta alternou períodos de engenheiro aeronáutico, arquiteto amador, acadêmico de Cambridge, mestre-escola de aldeia, jardineiro de mosteiro, eremita na Noruega e recluso no oeste da Irlanda. Em tudo isso, ele deu mostras de uma coragem e uma integridade moral exemplares. Seu desprezo pelos fidalgos não era uma afetação pedante.

Que nossa emancipação depende de nós mesmos é uma crença que Wittgenstein compartilhava com Marx. Que eles divergem em outros aspectos é algo bastante claro. Wittgenstein era meio ético demais, enquanto Marx era muito pouco ético, descartando a moral como algo excessivamente ideológico. Para Wittgenstein, a mudança de vida que pode inserir os filósofos no mercado de trabalho é, em grande parte, uma questão pessoal e ética, ao passo que para Marx ela é uma questão coletiva e política. Marx acredita que o pensamento precisa romper as falsas aparências da realidade social para compreender os mecanismos ocultos que a produzem, ao passo que Wittgenstein rejeita qualquer ideia de profundezas ocultas, como também da necessidade de teorias explicativas. É claro que ele não nega que existam coisas ocultas, mas ele rejeita a ideia de que existe uma lacuna

---

44 Wittgenstein, *Culture and Value*, p.45.

generalizada entre as aparências e a realidade. As discrepâncias entre os dois são pontuais, não estruturais. Profundeza, no sentido de algo sempre à espreita debaixo daquilo que percebemos, faz parte do problema, não da solução. É aquilo que interpretamos na realidade, não o que extraímos dela. Na verdade, é por ser tão óbvia que não conseguimos perceber a verdade, ao passo que para o marxismo o óbvio é a pátria mesma da ideologia. Para o autor de *O capital*, a forma como a vida social aparece no presente é uma distorção da forma que ela realmente é. A aparência é incorporada na essência. Não se trata apenas de uma percepção equivocada de nossa parte. Wittgenstein não considera que o mundo esteja estratificado dessa maneira, e a afirmação de que existe uma lacuna estrutural entre aparência e realidade certamente o surpreenderia como uma ilusão metafísica. Por outro lado, nossa incapacidade de perceber o que está diante do nariz é que nos deixa desorientados. Em troca, projetamos por trás disso uma esfera imaterial (alma, vontade, essência, consciência, processo mental, fundamentos inquestionáveis etc.) que, em seguida, passam a constituir a sua verdade secreta. Nesse aspecto, Wittgenstein é surpreendentemente próximo de Nietzsche. Para Nietzsche, não existe nada por trás das aparências, e, nesse caso, também podemos parar de falar em aparências.

É essa hipostasia – essa ânsia de transformar ações e capacidades humanas em essências invisíveis – que Marx, Nietzsche e Wittgenstein rejeitam como metafísica. Para a herança marxista, essa hipostasia é mais vulgarmente conhecida como reificação, uma condição na qual a coisa se torna a medida da realidade. Para Marx, o capital é uma relação, não uma coisa, e o mesmo acontece com a classe social; o trabalho é uma capacidade em aberto, não uma entidade determinada; o Estado é um instrumento para regular o conflito, não o centro do espírito da nação; e a história é simplesmente as ações multifacetadas de homens e mulheres, sem nenhum objetivo sublime próprio. O que os três homens têm em mira são ídolos e fetiches, quando determinadas atividades e capacidades se libertam da vida cotidiana e

Materialismo

passam a assumir um poder ameaçador próprio. Marx não sabia que, pouco depois da sua morte, esse destino recairia sobre seu próprio pensamento, quando uma crítica da ideologia se tornou um excelente exemplo dele.

A filosofia, portanto, é realmente uma forma de iconoclastia. Em *Ecce homo*, Nietzsche proclama que a derrubada dos ídolos é um elemento vital da sua missão.[45] Ele acredita que o martelo é uma das ferramentas mais valiosas do filósofo. Fiel a esse espírito, Wittgenstein observa que "tudo que a filosofia pode fazer é destruir ídolos".[46] Ela precisa libertar o pensamento humano desfazendo algumas concepções reificadas que adquiriram um controle devastador sobre nós. Ele reclama que "os filósofos, por assim dizer, congelam a linguagem e a tornam rígida".[47] Freud levanta o mesmo argumento em relação ao comportamento patológico humano, no qual são as ações da pessoa que se tornam rígidas e inflexíveis. (O próprio Wittgenstein parece ter sido afetado por essa neurose. Ele era física e moralmente rígido e inflexível; sentia que seus joelhos eram rígidos, e que se ajoelhasse para orar ele poderia amolecer e se dissolver.[48] Já houve desculpas menos exóticas para não ir à igreja.)

Existem outras ligações entre a esfera aparentemente hermética da metafísica e a vida do dia a dia. A crença de que existem essências imutáveis e fundamentos evidentes; que podemos decompor a realidade em determinados componentes irredutíveis; que a existência do mundo pode ser indubitavelmente demonstrada; que todas as nossas práticas precisam ser justificadas racionalmente; que deve existir uma regra que regularia todas as outras regras; que eu posso conhecer ao certo minha própria experiência; que existe uma harmonia preestabelecida entre linguagem e realidade; que divergências

---

45 Nietzsche, *Ecce Homo*, em *Basic Writings of Nietzsche*, p.674.
46 Citado em McGuinness (Org.), *Wittgenstein and His Times*, p.5.
47 Ibid., p.17.
48 Ver Wittgenstein, *Culture and Value*, p.56.

O terreno acidentado

e diferenças que não sejam absolutamente explícitas não são, de modo algum, divergências e diferenças: tudo isso, como Nietzsche e Wittgenstein reconhecem, indica uma ansiedade e uma insegurança profundas, além de um impulso compensatório para comandar e controlar. É nesse sentido que podemos falar na política do metafísico. O que parece estar a uma distância olímpica da vida prática acaba se mostrando numa relação perturbadoramente próxima com ela.

A solução de contradições teóricas, Marx escreve em *Manuscritos econômico-filosóficos*, só é possível por meios práticos. "Todos os mistérios que levam ao misticismo", ele declara na oitava tese sobre Feuerbach, "encontram sua solução racional na práxis humana e na compreensão dessa práxis" – uma afirmação que não estaria deslocada no Wittgenstein tardio. Já pedimos licença para questionar essa certeza. Existem inúmeros enigmas filosóficos que não podem ser desvendados como problemas práticos disfarçados de conceito, e que se recusam a se retirar docilmente simplesmente porque suas origens foram situadas numa forma material de vida. De todo modo, se as formas de vida estão intrinsecamente inclinadas a promover falsa consciência, parece que elas fariam parte tanto do problema como da solução. Marx pode imaginar um futuro livre dessas imposturas porque, segundo ele, a ideologia tem uma existência estritamente provisória. Como a sua função é intervir na luta de classes no nível das ideias, pendendo para o lado dos poderes soberanos, ela desaparecerá assim que essa autoridade for deposta. Por outro lado, para Wittgenstein o reino da metafísica não pode ter fim, uma visão que ele compartilha com Jacques Derrida.[49] Mesmo se nós desmistificássemos nosso pensamento através da mudança de nosso modo de vida, certamente a linguagem estaria a postos para criar em nós ainda mais doença espiritual. Pode haver, porém, uma série de incursões de guerrilha

---

49 Para uma análise comparativa original dos dois filósofos, ver Henry Staten, *Wittgenstein and Derrida*.

Materialismo

sobre esse poder implacável, um conjunto de escaramuças conhecido como filosofia.

* * *

Wittgenstein se refere, em *Investigações*, ao que ele chama de "história natural" dos seres humanos e, em outra passagem, observa que "Eu quero tomar o homem neste caso como um animal".[50] É um ponto de vista que já encontramos em Tomás de Aquino, Marx e Nietzsche. Ele também escreve a respeito da certeza cotidiana como "algo que está além do justificado ou injustificado; por assim dizer, como algo animal".[51] Não é recorrendo à teoria que sabemos que existe uma tarântula debaixo da torradeira. Nesse sentido, a desconfiança que Wittgenstein tem da teoria não é apenas um preconceito elitista à moda antiga, embora também seja isso. Ela está ligada ao seu materialismo. Boa parte de nosso conhecimento é conhecimento carnal, baseado em nossas reações corporais. Quando Wittgenstein escreve, em *Investigações*, a respeito de como obedecemos às regras "cegamente", ele não pretende promover uma subserviência covarde à autoridade, mas, uma vez mais, alicerçar o pensamento no corpo. Atravessar a rua no momento em que a figurinha verde começa a brilhar é um sinal do fato de que nosso relacionamento com o mundo não é principalmente teórico. Seguimos o signo cegamente, o que não quer dizer irracionalmente. Obedecer a ele sem ao menos pensar faz parte do modo como interiorizamos as convenções partilhadas que controlam nossa forma de vida, convertendo-as em atitude corporal. Não precisamos "interpretar" o signo. A ideia de que estamos sempre envolvidos na atividade da interpretação é o equívoco de quem passa tempo demais lendo Ezra Pound.

---

50 Wittgenstein, *On Certainty*, par.475.
51 Ibid., p.359.

O terreno acidentado

Wittgenstein sustenta que a linguagem está vinculada a determinados fatos da natureza, sobretudo a nosso comportamento corporal. Temos uma série de reações naturais e instintivas diante dos outros (medo, pena, aversão, compaixão etc.), que acabam entrando em nossos jogos de linguagem políticos, mas que são, elas mesmas, anteriores à interpretação. E, por pertencerem à história natural da humanidade, essas reações são de natureza universal. Elas fazem parte do que significa ser um corpo humano, por mais condicionado culturalmente que qualquer corpo humano específico possa ser. É sobre esse alicerce material que as formas mais duradouras de solidariedade humana podem ser construídas. Imagine tentar aprender a língua de uma cultura muito diferente da nossa. Observaríamos como seus membros cozinham, brincam, cultuam, consertam suas roupas, punem os agressores etc., e, ao fazê-lo, poderíamos encontrar um ponto de apoio para compreender suas formas de discurso, já que elas estão ligadas a essas atividades. No entanto, grande parte disso depende de compartilhar a mesma constituição física deles – aquilo que Wittgenstein chama de "expressividade natural" do corpo humano. Se eles reagem à amputação das suas pernas na altura do joelho sem anestesia fazendo discursos magnificamente eloquentes sobre suas crenças cosmológicas, cheios de alusões eruditas e apartes divertidos, conseguir compreendê-los seria uma tarefa árdua. Talvez fosse mais fácil dizer a idade de um coelho. Como observa Fergus Kerr, "é nossa corporalidade que estabelece nossa capacidade, em princípio, de aprender qualquer linguagem natural da Terra".[52]

O conceito de filosofia de Wittgenstein é indevidamente modesto. Ela pode ser mais que uma terapia para mentes confusas. Porém, ao procurar rebaixar suas ambições, ele demonstra um respeito pelo mundo terreno que não é comum na *intelligentsia*, incluindo alguns

---

52 Kerr, *Theology After Wittgenstein*, p.109. Ver também Len Doyal e Roger Harris, The Practical Foundations of Human Understanding, *New Left Review*, p.59-78, e G. Macdonald e P. Pettit, *Semantics and Social Science*.

Materialismo

intelectuais esquerdistas de hoje. Existe uma tensão necessária no pensamento socialista entre a afirmação da experiência cotidiana e a desconfiança dela. Se podemos dizer que pensadores como Raymond Williams e Jürgen Habermas se inclinaram demais na primeira direção, uma série de luminares esquerdistas que surgiram em sua esteira muitas vezes enxovalha o que Wittgenstein chama de comportamento comum da humanidade, desprezando o próprio conceito como incorrigivelmente ideológico. Nesse modo de pensamento, o consenso, a convenção, a moral comum e as instituições do cotidiano saem prejudicadas em comparação com uma esfera mais privilegiada (o Real, o Evento, desejo, o político, o semiótico, a decisão ética, a ação revolucionária, o "impossível", o gesto gratuito etc.). É um defeito tipicamente francês, exemplificado em nossa época pela obra, por outro lado marcante, de Alain Badiou. A questão de saber se, antes de mais nada e dada a visão preconceituosa do lugar-comum, vale a pena transformar a humanidade é, portanto, tão difícil de evitar como de responder.

Antonio Gramsci, companheiro político do amigo de Wittgenstein Piero Sraffa, busca uma crítica da prática cotidiana que não a censure simplesmente a partir de uma perfeição metafísica, mas que também não se limite a consagrar o preconceito popular. Em vez disso, ela buscaria o que já era decisivo numa forma de vida, sobretudo o senso de ação e de possibilidade transformadora implícito em suas atividades cotidianas, e o elaboraria a ponto de ele poder constituir uma forma alternativa de "senso comum".[53] Algo semelhante pode ser dito a respeito de Wittgenstein. Com seu estilo aristocrático, ele realmente pode ser excessivamente crédulo em relação às práticas consagradas. Em seu melhor, porém, ele combina a sensibilidade de um artista em relação à vida comum com a insistência de um profeta de que os homens e as mulheres comuns devem ser arrancados do seu apego a fantasias egoístas. É um equilíbrio bastante raro.

---

53 Ver Antonio Gramsci, *Selections from the Prison Notebooks*, org. por Quintin Hoare e Geoffrey Smith, p.330.

Referências bibliográficas

ADORNO, T. *Prisms*. Londres: Neville Spearman, 1967.

_____. *Negative Dialectics*. Londres: Routledge & Kegan Paul, 1973.

AGAMBEN, G. *The Open*: Man and Animal. Stanford, CA: Stanford University Press, 2004.

AMBROSE, A. (Org.). *Wittgenstein's Lectures*: Cambridge 1932-1935. Oxford: Blackwell, 1979.

BALIBAR, E. *The Philosophy of Marx*. Londres: Verso, 1995.

BENJAMIN, W. *Illuminations*. (Org. por Hannah Arendt) Londres: New Left Books, 1971.

BENNETT, J. A Vitalist Stopover on the Way to a New Materialism. In: COOK, D.; FROST, S. (Org.). *New Materialisms*: Ontology, Agency, and Politics. Durham, NC: Duke University Press, 2010.

_____. *Vital Matter*. Durham, NC: Duke University Press, 2010.

BLOOR, D. *Wittgenstein*: A Social Theory of Knowledge. Londres: Macmillan, 1983.

BOWIE, A. *Aesthetics and Subjectivity*: From Kant to Nietzsche. Manchester: Manchester University Press, 1990.

BRIANT, L.; SRNICEK, N.; HARMAN, G. (Org.). *The Speculative Turn*: Continental Materialism and Realism. Melbourne: re.press, 2011.

CHEAH, P. Non-Dialectical Materialism. In: COOK, D.; FROST, S. (Org.). *New Materialisms*: Ontology, Agency, and Politics. Durham, NC: Duke University Press, 2010.

CHOW, R. The Elusive Material: What the Dog Doesn't Understand. In: COOK, D.; FROST, S. (Org.). *New Materialisms*: Ontology, Agency, and Politics. Durham, NC: Duke University Press, 2010.

COLLETTI, L. *Marxism and Hegel*. Londres: New Left Books, 1973.

COOK, D.; FROST, S. (Org.). *New Materialisms*: Ontology, Agency, and Politics. Durham, NC: Duke University Press, 2010.

CRITCHLEY, S. *Infinitely Demanding*: Ethics of Commitment, Politics of Resistance. Londres: Verso, 2012.

CUNNINGHAM, C.; CANDLER, P. M. (Org.). *Belief and Metaphysics*. Londres: SCM Press, 2007.

DOYAL, L.; HARRIS, R. The Practical Foundations of Human Understanding. *New Left Review*, n.139, maio/jun. 1983.

EAGLETON, T. *The Body as Language*: Outline of a "New Left" Theology. Londres: Shed & Ward, 1970.

_____. *Against the Grain*. Londres: Verso, 1986.

_____. *The Ideology of the Aesthetic*. Oxford: Wiley-Blackwell, 1990.

_____. Bodies, Artworks, and Use Values. *New Literary History*, v.44, n.4, outono de 2013).

_____. *Culture and the Death of God*. New Haven, CT: Yale University Press, 2014.

ENGELS, F. *The Dialectics of Nature*. Nova York: International Publishers, 1940.

_____. *Ludwig Feuerbach and the End of Classical German Philosophy*. Londres: Union Books, 2009.

ESPINOSA, B. *Ethics*. Londres: Everyman, 1993.

FEENBERG, A. *The Philosophy of Praxis*: Marx, Lukács and the Frankfurt School. Londres: Verso, 2014.

FOSTER, J. B. *Marx's Ecology*: Materialism and Nature. Nova York: Monthly Review Press, 2000.

FREUD, S. Project for a Scientific Psychology. In: KRIS, E. (Org.). *The Origins of Psychoanalysis*. Nova York: Basic Books, 1954.

_____. *The Future of an Illusion*. In: FREUD, S. *Civilization, Society and Religion*. Harmondsworth: Penguin, 1985. v.12.

GERAS, N. *Marx and Human Nature*: Refutation of a Legend. Londres: Verso, 1983.

Referências bibliográficas

GRAYLING, A. C. *Wittgenstein*. Oxford: Oxford University Press, 1988.

HABERMAS, J. On Systematically Distorted Communication. *Inquiry*, v.13, 1970.

_____. *Knowledge and Human Interests*. Cambridge: Polity, 1987.

HACKER, P. M. S. *Insight and Illusion*. Oxford: Oxford University Press, 1986.

HALLWARD, P. *Deleuze and the Philosophy of Creation*. Londres: Verso, 2006.

HARMAN, G. *Quentin Meillassoux*: Philosophy in the Making. Edimburgo: Edinburgh University Press, 2011.

HEANY, N. M. *Thomas Aquinas*: Theologian of the Christian Life. Aldershot: Ashgate, 2003.

HEIDEGGER, M. *The Fundamental Concepts of Metaphysics*. Bloomington, IN: University of Indiana Press, 1955.

HOARE, Q.; SMITH, G. Londres: Lawrence & Wishart, 1971.

JANIK, A.; TOULMIN, S. *Wittgenstein's Vienna*. Nova York: Simon & Schuster, 1973.

KENNY, A. *Wittgenstein*. Harmondsworth: Penguin, 1973.

KERR, F. *Theology After Wittgenstein*. Oxford: Basil Blackwell, 1986.

LABRIOLA, A. *Essays on the Materialistic Conception of History*. Londres: Monthly Review Press, 1966.

LEFEBVRE, H. *Dialectical Materialism*. Londres: Jonathan Cape, 1968.

MACDONALD, G.; PETTIT, P. *Semantics and Social Science*. Londres: Routledge & Kegan Paul, 1981.

MACINTYRE, A. *After Virtue*. Notre Dame, IN: University of Notre Dame Press, 1981.

_____. *Dependent Rational Animals*. Londres: Duckworth, 1999.

MACMURRAY, J. *Reason and Emotion*. Londres: Faber & Faber, 1962.

_____. *The Self as Agent*. Londres: Faber & Faber, 1969.

MALCOLM, N. *Ludwig Wittgenstein*: A Memoir. Oxford: Oxford University Press, 1958.

MARX, K. *Early Writings*. Londres: Penguin, 1992.

MARX, K.; ENGELS, F. *The German Ideology*. Londres: Lawrence and Wishart, 1974.

_____. *Collected Works*. Londres: Lawrence & Wishart, 1976. v.5.

MCGUINNESS, B. (Org.). *Wittgenstein and his Times*. Bristol: Theommes Press, 1998.

MCINERNY, R. (Org.). *Aquinas Against the Averroists*. Lafayette, IN: Purdue University Press, 1993.

MEILLASSOUX, Q. *After Finitude*: An Essay on the Necessity of Contingency. Londres: Continuum, 2009.

MERLEAU-PONTY, M. *Phenomenology of Perception*. Londres: Routledge, 1962.

MILBANK, J. Materialism and Transcendence. In: DAVIS, C.; MILBANK, J.; ŽIŽEK, S. (Org.). *Theology and the Political*. Durham, NC: Duke University Press, 2005.

MILNER, A. *Cultural Materialism*. Melbourne: Melbourne University Press, 1993.

MONK, R. *Ludwig Wittgenstein*: The Duty of Genius. Londres: Jonathan Cape, 1990.

MOORE, G. E. Wittgenstein's Lectures in 1930-33. In: *Philosophical Papers*. Londres: Allen & Unwin, 1959.

MORAN, J. Wittgenstein and Russia. *New Left Review*, n.73, maio/jun. 1972.

NANCY, J.-L. *The Sense of the World*. Mineápolis: University of Minnesota Press, 1997.

NEHAMAS, A. *Nietzsche*: Life as Literature. Cambridge, MA: Harvard University Press, 1985.

NIETZSCHE, F. *The Gay Science*. Nova York: Vintage, 1967.

_____. *The Will to Power*. Nova York: Vintage, 1967.

_____. *The Twilight of the Idols* e *The Anti-Christ*. Harmondsworth: Penguin, 1968.

_____. *Basic Writings of Nietzsche* (Org. de Walter Kaufmann.) Nova York: Random House, 1968.

_____. *Daybreak*: Thoughts on the Prejudices of Morality. Cambridge: Cambridge University Press, 1997.

_____. *Thus Spoke Zarathustra*. Londres: Penguin, 2003.

RHEES, R. (Org.). *Ludwig Wittgenstein*: Personal Recollections. Oxford: Blackwell, 1981.

RORTY, R. *Consequences of Pragmatism*. Brighton: Harvester Press, 1982.

RUBINSTEIN, D. *Marx and Wittgenstein*: Social Praxis and Social Explanation. Londres: Routledge & Kegan Paul, 1981.

SANTNER, E. L. *The Weight of All Flesh*: On the Subject-Matter of Political Economy. Oxford: Oxford University Press, 2016.

SCARRY, E. *The Body in Pain*. Oxford: Oxford University Press, 1987.

SCHACHT, R. *Nietzsche*. Londres: Routledge & Kegan Paul, 1983.

SCHATZKI, T. Marx and Wittgenstein as Natural Historians. In: KITCHING, G.; PLEASANTS, N. (Org.). *Marx and Wittgenstein*: Knowledge, Morality and Politics. Londres: Routledge, 2002.

Referências bibliográficas

SCHMIDT, A. *The Concept of Nature in Marx*. Londres: New Left Books, 1971.

SCHRIJVERS, J. *An Introduction to Jean-Yves Lacoste*. Farnham: Ashgate, 1988.

SOPER, K. Marxism, Materialism and Biology. In: MEPHAM, J.; RUBEN, D.-H. (Org.). *Issues in Marxist Philosophy*, Brighton: Harvester, 1979. v.2.

STATEN, H. *Wittgenstein and Derrida*. Oxford: Blackwell, 1985.

THOMSON, G. *The First Philosophers*. Londres: Lawrence & Wishart, 1955.

TIMPANARO, S. *On Materialism*. Londres: New Left Books, 1975.

TOMÁS DE AQUINO. *Light of Faith*: The Compendium of Theology. Manchester, NH: Sophia Institute, 1993.

TURNER, D. *Thomas Aquinas*: A Portrait. New Haven, CT: Yale University Press, 2013.

WATKIN, C. *Difficult Atheism*. Edimburgo: Edinburgh University Press, 2011.

WAUGH, A. *The House of Wittgenstein*: A Family at War. Londres: Bloomsbury, 2008.

WILLIAMS, R. Problems of Materialism. *New Left Review*, n.109, maio/jun. 1978.

_____. *Culture*. Londres: Fontana, 1981.

_____. *Keywords*: A Vocabulary of Culture and Society. Ed. rev. Londres: Fontana, 1983.

_____. *Culture and Materialism*. Londres: Verso, 2005.

_____. *Culture and Society 1780-1950*. Nottingham: Spokesman Books, 2013.

WITTGENSTEIN, L. *The Blue and Brown Books*. Oxford: Basil Blackwell, 1958.

_____. *Philosophical Investigations*. Oxford: Basil Blackwell, 1967.

_____. *Zettel*. (Org. por G. E. M. Anscombe e G. H. von Wright.) Oxford: Basil Blackwell, 1967.

_____. *On Certainty*. Oxford: Basil Blackwell, 1969.

_____. *Philosophical Grammar*. (Org. por Rush Rhees.) Oxford: Basil Blackwell, 1974.

_____. *Remarks on Colour*. (Org. por G. E. M. Ascombe.) Oxford: Basil Blackwell, 1977.

_____, *Remarks on the Foundations of Mathematics*. Oxford: Basil Blackwell, 1978.

_____. *Culture and Value*. Oxford: Blackwell, 1980.

_____. *Remarks on the Philosophy of Psychology*. Oxford: Basil Blackwell, 1980.

YOLTON, J. W. *Thinking Matter*: Materialism in Eighteenth-Century Britain. Oxford: Basil Blackwell, 1984.

ŽIŽEK, S. *Absolute Recoil*: Towards a New Foundation of Dialectical Materialism. Londres: Verso, 2014.

Índice remissivo

aberto, O (Giorgio Agamben) 58

aborto 49

abstrações 25, 56-7, 62-3, 68, 78, 79, 81-2, 105-6

ação 69-71

    corpo como instrumento de 29-30, 43-4

    ilusão e mito, uma 23-4, 29-30

Adorno, Theodor 74-5, 86, 92, 99

Agamben, Giorgio 58

Agostinho, Santo 35

agricultura 75

Além do bem e do mal (Friedrich Nietzsche) 106-7

Alemanha 89, 105

alienação 25, 68, 78, 79, 80, 94-5

alma

    "deixando" o corpo 51-2

    corpo animado pela 55-6

    corpo e 31-2, 43-4, 46-7

corpo aprisiona a 24-5, 27-8

corpo, linguagem e 34

    essência da 45-6

    impulsos de reverenciar a 128

    Nietzsche sobre a 102

    Tomás de Aquino sobre a 51-3

amor 38-9, 53, 60-1, 101, 104-5

    sexual 32, 62, 94-5

ancestralidade 35-6

animais 15-6, 57-9, 78-9, 102-4, 108-9

    seres humanos como 30-4, 50, 59, 70-2, 142

anjos 19, 25-6, 50-1, 57, 72-3, 89, 116-7

Anticristo, O (Friedrich Nietzsche) 100-1

anti-Édipo, O (Gilles Deleuze) 24-5

antifilósofos 91-3

    ver também filosofia

Materialismo

antissemitismo 101
antropomorfismo 37
Apolo (relação a) 109-10
Aquino, Tomás de 54-8
    alma 52-3
    anjos e racionalidade 50-1
    corpos e cadáveres 44-5
    Denys Turner sobre 54-5
    influência de Aristóteles 65
    James Joyce e 53-4
    Marx e 65
    matéria e individuação 55-6
    Meillassoux e 37-8
    moralidade, visão da 114
    razão e natureza animal 59
    seres humanos como animais 50
    Suma teológica 91-2
    Wittgenstein e 46-7
Aristóteles
    alma 46-7
    arte e virtude 61-2
    felicidade ou bem-estar 78-9
    moralidade, visão da 114
    origem do mundo e 39
    práxis 61-2
    Tomás de Aquino e 44-5, 46-7, 65
arte 17, 27-8, 32, 61-2, 78-9, 80, 84, 86, 87-8, 92-3, 94-5, 99-100, 103, 110
ascetismo 79, 127
Assim falou Zaratustra (Friedrich Nietzsche) 102
ateísmo 37-8
Aurora (Friedrich Nietzsche) 104
autonomia 16-8, 23-4, 29-31, 49-50, 89-90, 98, 117-9

Bacon, Francis 88-9
Badiou, Alain 37, 143-4
Bakhtin, Mikhail 91-2
Bakhtin, Nikolai 123, 129-30
bebês 33-5, 47-8, 57, 59, 85-6
Beckett, Samuel 49-50
Bell, Joshua 61-2
bem-estar 15, 60-1, 78-9
Benjamin, Walter 19, 90, 92-3
Bergson, Henri 19-20
Bhagavad Gita 40-1
Bloch, Ernst 19-20
Brecht, Bertolt 63

Cabala 40
cadáveres 15, 44-5
cães 18, 39-40, 57-9
capital, O (Karl Marx) 70-3, 138-9
capitalismo
    a visão de *Judas, o obscuro* do 94
    marxismo sobre o 62-3
    modo de produção 78
    motivação do lucro no 79
    o homem alienado do próprio corpo pelo 80-1
    pensamento burguês e 135
    trabalho e 68
Carlyle, Thomas 112-3
celtas 104-5
chimpanzés 47-8
Chow, Rey 21
Churchill, Winston 124-5
cientologia 40
civilização 99, 108-12, 123, 135
Cixous, Hélène 92-3
classe
    média 100, 111-3, 123, 127-9

Índice remissivo

operária 18-9, 84-5, 88, 91-2, 101, 124-5
Coleridge, Samuel Taylor 112-3
complexo de Édipo (relação ao) 77, 111-2, 124-5
computadores 59
Comuna de Paris 100-1
comunismo 82, 83, 84-5, 86, 98-9, 123, 129
condição humana 70-1, 73-4
condições materiais 13-4, 83-5, 87, 89-90
Confissões (Santo Agostinho) 35
conhecimento
  amor e 60
  corpo humano e 128
  empirismo e 65-6
  essência e 36
  Marx sobre o 13-4
  saber como e saber por quê 127-8
  Tomás de Aquino sobre o 56
consciência
  como origem absoluta 70
  como participação 48-9
  consciência "sensível" de Marx 50-1
  enfrentando a natureza 19-20
  linguagem e 28-9
  Nietzsche sobre a 102-4
  privacidade e 46-7
  ser social e 85-6
  seu papel fundamental para Marx 77
surgimento de uma *intelligentsia* e 90-1
Wittgenstein e a 115

Considerações sobre a cor [*Remarks on Colour*] (Ludwig Wittgenstein) 117-8
contingência 36-9, 116-7
corpo *ver* corpo humano
corpo humano
  ação com dependência 29-30
  alma "abandonando" no momento da morte 51-2
  alma animando o 55-6
  alma como imagem do 43-4
  alma e 46-7
  cadáveres diferentes do 44-5
  corpo, eu e alma 31-3
  cristianismo 32-3
  desejo e 82
  encarcerando a alma 24-5, 27-8
  escolha e apropriação 30-1
  estudos culturais e 9-10
  Lacan sobre o 31
  linguagem e 34
  marxismo e 72-6
  matéria, mente e alma 15
  matéria, um pedaço do 30-1, 44-5, 54-6
  mente e 85-6
  Merleau-Ponty sobre o 44, 52-3, 128
  mortalidade do 71-2
  natureza animal do 50-1
  Nietzsche sobre o 102-4
  nossa relação com o 49-50
  o capitalismo aliena o 80-1
  produto social, como 67
  projeto/em ação, como 43-4
  símbolo, como 46-7
  socialismo, feminismo e 10

Materialismo

correlacionismo 35-6

Criação, doutrina da 38-9

cristianismo 53-4

corpo ressuscitado no 32-3

não necessidade do mundo 38

Nietzsche sobre o 105-6, 111-4

Cultura e valor (Ludwig Wittgenstein) 127-8

cultura

história, sociedade e 50

natureza e 18-9, 69-70, 73-4, 75-6, 77

cultural (materialismo) 10, 27-8

Da certeza (Ludwig Wittgenstein) 44, 115

Darwin, Charles 14, 16, 113-4

Deleuze, Gilles 14-5, 19-20, 24-6, 108-9

Demócrito 19-20

Dench, Judi 48-9

Derrida, Jacques 21, 91-2, 92-3, 141-2

desejo 9-10, 28, 33-4, 39-40, 72-3, 75-6, 82, 92-3, 105-7, 143-4

desprendimento 60

determinismo 13-4, 35-6

Deus 37-9

como pano de fundo 39

Encarnação, seu significado 53

falar de 56

materialismo histórico e 19

materialismo mecânico substituindo 106-7

não é um ser moral 57

não há lugar para 111-2

perda da transcendência 25-6

São Paulo 53-4

Super-Homem e 113

Dialética da natureza (Friedrich Engels) 16, 17-8

Dialética negativa (Theodor Adorno) 85-6

dialético (materialismo) 17-20

Diferença e repetição (Gilles Deleuze) 24-5

dinheiro 56-7, 60-1, 79-80, 83

Dionísio (relação a) 109-10

Disraeli, Benjamin 112-3

Dobb, Maurice 123

dor 9-10, 20, 29-31, 34, 53

Dostoievski, Fiódor 92, 125

dualismo 13, 19-20, 27-8, 31-2, 80-1, 94-5

cartesiano 27-8, 44-5, 80-1

Ecce homo (Friedrich Nietzsche) 92, 105, 140

Einstein, Albert (relação a) 57

eleição geral (1945) 124-5

emoções 47-8, 59, 74, 92

empirismo 14, 65-6

Encarnação (doutrina da) 53

Engels, Friedrich 14, 16, 18, 40, 65

Epicuro 14, 19

Escola de Frankfurt 135

escoteiro 104-5

escravos 49-50, 51-2, 110

especulativo (materialismo) 35-8

Espinosa, Baruch

Deleuze e 25-6

dignidade humana 15-6

Ética 35-6

influência de 15

Índice remissivo

origens do materialismo vitalista 19-20

radicalismo e materialismo 14-5, 15-6

Wittgenstein e discernimento moral 92-3

espírito
  carne, dor e 30-1
  corpo como obstáculo do 31-2
  criadores de 82-3
  linguagem, matéria e 28-9
  matéria e 32-3, 39-40
  materialismo vitalista e 19-20, 22-3
  natureza e 14-5
  ubiquidade e 15-6
  visão mórmon do 26-7

Espírito Santo 53-4

esquizofrenia 51-2

essência 32-3, 36, 62-3, 72, 78, 79-80, 100, 103, 125-6, 138-41

estético, o 61, 66-7

eternidade, eterno 31-2, 38-9, 51-2, 72-3, 87, 106-7, 130

ética 16-7, 25, 37-8, 82, 84, 92-3, 99-100, 110-1, 113-4, 138-9, 144

Ética (Baruch Espinosa) 35-6

eu, o 31-2, 44, 49-51, 81-2

Eucaristia 53

Fausto (Johann Wolfgang von Goethe) 115

felicidade 60, 78-9, 114

Feuerbach, Ludwig
  antifilosofia 92
  natureza corpórea da humanidade 65-6

realidade material 68-9

tese de Marx sobre 141-2

visão contemplativa de 23

filosofia 87-93
  a condição conhecida como 59
  história e 75-6
  iconoclastia como 140
  Nietzsche sobre a 105-7
  Wittgenstein sobre a 135-9

Foucault, Michel 10, 25

Freud, Sigmund
  antifilósofos 91-2
  causas profundas, não sintomas 133-4
  comportamento patológico 140
  corpo diante da mente 85-6
  corpo e desejo 82
  desamparo original 16-7
  esforços cruciais do paciente 136-7
  fundamentos da moralidade 33-4
  gratificação dos poucos 109-10
  materialismo radical 14-5
  Nietzsche e 104
  sacrifício exigido pela civilização 99
  Wittgenstein e 34-5

Fromm, Erich 74-5

Frost, Samantha 29-30

futuro de uma ilusão, O (Sigmund Freud) 109-10

Gabriel, Arcanjo 19, 50-1

gaia ciência, A (Friedrich Nietzsche) 103

Genealogia da moral (Friedrich Nietzsche) 65, 111

Materialismo

gnósticos 17, 24-5
Goethe, Johann Wolfgang von 115, 127-8
golfinhos 57-9
gramática 102, 108, 119-20, 135-6
ver também linguagem
Gramsci, Antonio 123, 144
Grayling, A. C. 115
gregos (clássicos) 82-3
Grundisse (Karl Marx) 56-7, 75
Guerra Civil Espanhola 123
Guerra Civil Inglesa 14, 131-2
Guerra dos Trinta Anos 105-6

Habermas, Jürgen 68-9, 131-2, 143-4
Hamlet (William Shakespeare) 102
Hardy, Thomas 34, 51-2, 94
Hartley, David 13-4
Hegel, Georg Wilhelm Friedrich 114
Heidegger, Martin 25-6, 58-9
Himmler, Heinrich 40-1
hinduísmo 40-1
história
    a escrita da 71-2
    crítica materialista da 87
    cultura, sociedade e 50
    da indústria em seu sentido mais amplo 67
    filósofos e 87-8
    humanidade e 69-70
    interesse de Marx na 71-2
    materialismo histórico 16-7
    natureza e 75-7
    produção e 76
histórico (materialismo)
    abarcando conceitos diferentes 75-7

coisas que ele não é 19
descrito 16-7
fica fora de moda 26-7
filosofia de Marx baseada no 89-90
Marx, Nietzsche e 97-9
materialismo somático e 41, 82-3
modos de produção 83-4
Hobbes, Thomas 29-30, 111
Hollywood 39-40, 47-8
Húbris 82-3
humanismo 15-7, 22-3, 35-6, 109

ideias
    distância da realidade 91
    empirismo e 65-6
    Marx quer que suas ideias caiam no esquecimento 87
    o jeito mordaz de Marx de lidar com as 65
    origens das 70, 77, 89-90
    revolução política e 83-4
    superestrutura e 86-7
    um tempo para uma ideia 88
ideologia
    classes médias e 112
    crítica marxista da 132-3, 137, 138-9, 139-40
    processo de naturalização da 73-4
    real e ilusória 68
    religião como 99-100
    sua ausência em Wittgenstein 132-3
    terminologia de Marx 82-3
ideologia alemã, A (Karl Marx) 28, 67, 85, 93

Índice remissivo

Iluminismo 14-5, 61
 francês 14-5, 88-9
 império Austro-Húngaro 124-5
impressões sensíveis 13-4
inconsciente, o 29-30, 33-5, 85-6
Índia 40-1
individuação 31, 55-6, 126-7
inglês (povo) 34, 48, 119
intelligentsia 24-5, 82-3, 90-1, 143-4
Investigações filosóficas (Ludwig Wittgenstein) 43, 58-9, 116-7
Islã 19

Jackson, Michael 51-2
Jesus Cristo 53
Joyce, James 53-4
Judas, o obscuro (Thomas Hardy) 94-5
judeus 19, 87, 105, 113-4

Kant, Immanuel 37, 87, 92-3, 104,
 113-4
Keats, John 41
Kerr, Fergus 130-1, 143
Kierkegaard, Søren 92-3, 136-7
Kulturkritikers 127-8
Kundera, Milan 38

L'Inexistence divine (Quentin Meillassoux) 36
Lacan, Jacques 31
Laços de família (Marilynne Robinson) 41
Lawrence, D. H. 25, 108-9, 113-4
linguagem 28-9, 115-21
 concepções de 125-6
 consciência em ação 103
 desenvolvimento da 34

filosofia e 93
Tomás de Aquino sobre a 57-8
Wittgenstein 28-9, 108, 115-21,
 132-3, 135-7, 143
Literatura e revolução (Leon Trotsky) 115
Locke, John 111
Lógica do sentido (Gilles Deleuze)
 24-5
Lukács, Georg 135
luta de classes 19, 39-40, 82-3, 141

MacIntire, Alasdair 50-1, 58-9, 71n,
 115-6
Macmurray, John 71-2, 87-8
Madonna 39-40
Malone morre (Samuel Beckett) 49-50
Manuscritos econômico-filosóficos (Karl
 Marx) 78, 80-1, 141-2
Marcuse, Herbert 74-5
Marx, Karl 28-9, 65-91, 93-5, 97-
 102, 109-11
 autonegação 79
 "consciência sensível" 50-1
 "proximidade sensível" dos outros 46-7
 ação 69-71
 alienação 80-1
 capacidade sensorial 67-8
 consequências do racionalismo
 30-1
 espera que suas ideias possam
 cair no esquecimento 87
 Feuerbach criticado 23
 filosofia notavelmente similar à
 de Wittgenstein 89-90
 história, sua importância para
 71-2

Materialismo

ideologia, visão da 132-4, 137, 138-9

individuação 31

indivíduos e seus corpos 49-50

limites da concepção do corpo 74

linguagem 118-9

materialismo semântico e 27-8

Nietzsche e 97-103, 109-11, 113-4

Nietzsche, Wittgenstein e 129-30, 139-40

o eu e seu entorno 44

o pensamento e seus primórdios 56-7

o proletariado tem de se autoemancipar 136-7, 138-9

papel essencial da consciência 77

seres humanos e natureza 22-3

solução de contradições teóricas 141-2

superestrutura 86-7

tese de doutorado 14-5

tipos de materialismo, e 65-6

Tomás de Aquino e 52-3, 57-8

trabalho e produção 68-70

transformação dos ambientes 13-4

valor de uso 61-2, 66-7

Wittgenstein e 65, 89-90, 93, 138-9

obras de: *O capital* 70, 72-3, 138-40; *Manuscritos econômico-filosóficos* 78, 80, 141-2; *A ideologia alemã* 28, 67, 85, 93; *Grundisse* 56-7, 75; *Miséria da filosofia* 88-9

marxismo

alguns conceitos-chave 68

capitalismo, sua visão do 62-3

corpo humano e 82-3

diferentes marxistas 135

materialismo dialético 17-8, 18-9

natureza temporária do 87

New Materialisms e 24

teoria do 83-4

Wittgenstein influenciado pelo 125-7

matéria 15-6

aversão gnóstica à 17

corpo humano como 30-1, 44-5, 45-6, 55

Dennis Turner sobre a 54-5

Espinosa e a 15

espírito e 26-7, 32-3, 39-40

falta de crença de Nietzsche na 106-7

intratabilidade da 17, 26-7

investindo de significado 94

Marx sobre a 28

matéria e vida 22-3

materialidade e 20, 81

materialismo dialético 19-20

materialismo histórico 19

visão newtoniana 15

vitalismo e 19-20, 22-3

materialidade

cristianismo e 53-4

materialismo e 20, 81

New Materialisms 20-1

o espiritual e 26-7, 40-1

sendo um animal 23

significado e 32-3

materialismo, tipos de

Índice remissivo

cultural 10, 27-8
dialético 17-20
especulativo 35-9
histórico 10, 17-9, 26-7, 41, 75-6, 82-3, 83-4, 87, 89-90, 98
  ver também histórico (materialismo)
mecânico 15, 22-3, 23-4, 70-1, 106-7
radical 14-5
semântico 27-8
somático 33-4, 41, 65, 82-3, 102, 104-5, 106
vitalista 19-20, 23-4, 26-7
mecânico (materialismo) 15, 22-3, 23-4, 70-1, 106-7
Meillassoux, Quentin 35-8
meio ambiente 13-4
mercadorias (*commodities*) 68, 135
Merleau-Ponty, Maurice 44, 52-3, 128
metafísica 17-8, 21, 24-5, 25-6, 65, 98, 101, 106, 113, 120-1, 122-3, 127-8, 131-2, 135, 137, 138-42, 144
milagres 37
Milton, John 50-1
Miséria da filosofia (Karl Marx) 88-9
modernismo 125, 127-8, 130-1
Monk, Ray 124-5
moral
  Freud sobre a 33-4
  infância e 59
  Nietzsche sobre a 98, 105-6, 111, 114
  revolução política e 89
mórmons 26-7

Morris, William 74-5
morte 70-1, 73-4
mundo exterior, o 44
mundo, o 44

Nancy, Jean-Luc 30-1, 46-7
nascimento da tragédia, O (Friedrich Nietzsche) 109-10
natureza
  consciência incapaz de lidar com a 19-20
  crianças 47-8
  cultura e 18-9, 69-70, 73-4, 75-6, 77
  Engels sobre a 16
  espírito e 15
  história e 75, 77
  homem e 71-2
  humanidade e 15-6, 23
nazistas 124-5
necessidade 33-4, 35-6, 37-8, 39, 83-4
New Materialisms 20, 21, 24, 26-7
New Statesman, The 124-5
Newton, Isaac 15
Nietzsche, Friedrich 97-114
  antifilósofos 91-2
  conhecimento e carnalidade 50-1
  consciência 102
  cristianismo, opinião sobre o 53-4
  Hobbes e 29-30
  impulsos físicos 104
  Marx e 97-103, 109-11, 114
  materialismo vitalista e 19-20
  materialista radical, um 14-5
  o nariz humano 41

Materialismo

ordem social 113
razão 107-8
reverência da alma 126-7
sobre os filósofos 87-8
Tomás de Aquino citado 65
tragédia, teoria da 110
Wittgenstein e 102, 103, 108, 126-7, 139-40
obras de: *O Anticristo* 100-1; *Além do bem e do mal* 106-7; *O nascimento da tragédia* 109-10; *Aurora* 104; *Ecce Homo* 91-2, 105, 140; *A gaia ciência* 103; *Genealogia da moral* 65, 111; *Assim falou Zaratustra* 102; *Vontade de potência* 58-9, 103, 110
Novo Testamento 100-1

Pascal, Roy 123
Paulo, São 33-4, 53-4
pensamento
abordagem de Marx do 56-7
ação e 86
autônomo ou não 89-90
Brecht e o 62-3
Deleuze sobre o 24-5
empirismo e 65-6
linguagem e 28, 69
natureza infinita do 37
realidade material e 90-1
revelando-se a tempo 50-1
sentidos, emoções e 59
Timpanaro sobre o 17-8
philosophes 14, 88-9
Platão
contingência e 39
formas platônicas 28

Marx e 87
Tomás de Aquino rejeita 50, 52-3
trabalho manual, visão do 90
pobreza 15, 78, 100-1
poder 9-10, 15, 17-8, 20, 24-6, 53-4, 68, 79-81, 82-3, 86, 92, 97-9, 104-6, 111, 131-2, 141-2
poesia 81, 125-6
pós-estruturalismo 21-2, 101
pós-modernismo 9-10, 17, 23, 104-5, 118-9
Pound, Ezra 142
práxis 61-2, 66-7, 78-9, 81, 141-2
Priestley, Joseph 13-4
primeiros filósofos, Os (George Thomson) 135
problema mente-corpo 13-4, 39-40, 94
produção
Marx sobre a 68-9, 78-9
minoria assume o controle da 82-3
revolução política e 83-4
satisfazendo e criando necessidades 76
projetos 20, 33-4, 44, 60, 85-7, 116-7, 118-9
propriedade privada 39-40, 49-50, 80-2, 111
protestantismo 137-8
psicanálise 137

racionalidade 60-3
classes médias 127-8
corpo e 65-6, 128
humana e animal 50-1, 57-8
Marx e Wittgenstein censuram a 129-30

Índice remissivo

simplificando e regulando a natureza da 107-8

Timpanaro sobre a 30-1

radical (materialismo) 14-5

radicalismo político 13-4

Ramsay, Frank 123

Rei Lear (William Shakespeare) 61

Reich, Wilhelm 74-5

Remarks on Colour [Considerações sobre a cor] (Ludwig Wittgenstein) 117-8

repressão 94-5

repressão sexual 94-5

retorno do nativo, O (Thomas Hardy) 34

revolução 126-7

Revolução Francesa 100-1

revolução política 83-4, 89

Rilke, Rainer Maria 39

Robinson, Marilynne 41

romance 9-10, 34, 41, 53-4, 83-4, 94

romanos 53-4

romantismo 25-6, 99-100, 108-9

Rorty, Richard 92-3

Rousseau, Jean-Jacques 49-50

Ruskin, John 112-3

Rússia 125

Ryle, Gilbert 135-6

salvação 53

Santner, Eric 21

Saussure, Ferdinand de 117

Scarry, Elaine 80-1

Schelling, Friedrich 19-20

Schmidt, Alfred 33-4, 91n, 92n

Schopenhauer, Arthur 113-4

Schrijvers, Joeri 29-30

semântico (materialismo) 27-8

senso comum 135-6, 144

sentidos 10, 56-7, 61, 62-3, 65-7, 77-8, 81, 103

Ser Supremo 28

significado 27-9, 55-7

investindo a matéria de 94

materialidade e 32-3

símbolos e 43-4

vontade e 105-6

Wittgenstein sobre o 117-8

significantes

alma e 31-2, 43-4

corpo como, o 46-7

linguagem e 117

significado e 27-8

sikh 117

sinceridade 47-8, 60

Skinner, Francis 123

Smith, Joseph 26-7

socialismo

Brecht sobre o 62-3

conquistas do 72-3

decolando 88

devolvendo os poderes roubados do corpo 81

precondições do 83

Sócrates 113-4

somático (materialismo) 33-4, 41, 65, 82-3, 102, 104-5, 106

Soper, Kate 73-4

Spengler, Oswald 127

Sraffa, Piero 123, 125-6, 129-30, 144

Stálin, Joseph 83, 124-5

Sul materialismo (Sebastiano Timpanaro) 70-1

Materialismo

Suma teológica (Tomás de Aquino) 91-2
superestrutura 86-7
Super-Homem, o 98-100, 104-5, 107-8, 108-9, 113
ver também Nietzsche, Friedrich
Swift, Jonathan 28

Taylor, Charles 117-8
tecnologia 75, 82-3, 127
teísmo 37-8
Tess dos Urbervilles (Thomas Hardy) 51-2
textualidade 21
The Blue and Brown Books (Ludwig Wittgenstein) 27-8
Thomson, George 123, 125-7, 135
Timpanaro, Sebastiano
   materialismo histórico e 17-8
   Meillassoux e 35-6
   passividade como parte da experiência 30-1
   posição marginal da humanidade 16-7
   Sul materialismo 70-1
Todo-Poderoso 15-6, 37
Tolkien, J. R. R. 20
Tolstoi, Leon 92-3, 125
trabalho
   civilização e 109
   Judas, o obscuro, em 94-5
   Marx sobre o 69, 71-2, 77
   sob o capitalismo 68
   sob o controle de outros 80-1, 82-3
   trabalho manual 125
tragédia 17, 25-6, 109-10

transcendência 20, 25-6, 31-2, 37, 39-40, 45-6, 50, 98-9
Travolta, John 39-40
tristeza 46-7, 48, 70-1, 73-4
Trotsky, Leon 115, 130
Trump, Donald 24
Turner, Denys 44-5, 54-5, 56-7

Ulisses (James Joyce) 53-4
União Soviética 124-5
Universidade de Cambridge 93, 123, 138

valor de uso 61-2, 66-7
verdade 103, 107-8, 118-9
Viena 34, 35n
vitalista (materialismo) 19-20, 23-4, 26-7
vitorianos 94-5
vontade de potência, A (Friedrich Nietzsche) 58-9, 103, 110

Williams, Raymond 27-8, 74-5, 129, 143-4
Wittgenstein, Ludwig 115-44
   alma 43-4, 46-7, 51-2
   amigos marxistas de 123
   antifilósofos 91-2
   caráter e temperamento 126-7
   compreendendo leões 58-9
   consciência 120
   encobrimento das emoções 48
   estilo literário 92-3
   ética 92-3
   Freud e 34-5
   "identificação negativa" e 129-30

Índice remissivo

ideologia ausente em sua obra 132-3

linguagem 28-9, 108, 115-21, 132-3, 136-7, 143

Marx e 65, 88-9, 89-90, 93, 138-40

"mundo exterior", o 44

neurose de 140

Nietzsche e 102, 103, 108, 126-8, 138-41

"o amor não é um sentimento" 53

sentidos, uma visão dos 65-6

significado definido 27-8

uma influência marxista 125-7

vida de 137-9

obras de: *The Blue and Brown Books* 27-8; *Cultura e valor* 127-8; *Da certeza* 44, 115; *Investigações filosóficas* 43-4, 58-9, 116-7, 125-6, 133-4, 142; *Remarks on Colour* [Considerações sobre a cor] 117-8; *Remarks on the Foundations of Mathematics* [Comentários sobre os fundamentos da matemática] 121, 133-4; *Zettel* 46*n*, 53*n*, 119-20

Wittgenstein, Margareth 34-5

Zettel (Ludwig Wittgenstein) 46*n*, 53*n*, 119-20

Žižek, Slavoj 20

SOBRE O LIVRO

Formato: 13,7 x 21 cm
Mancha: 24,5 x 38,7 paicas
Tipologia: Iowan Old Style 10/14
Papel: Off-White 80g/m² (miolo)
　　　　Cartão Supremo 250g/m² (capa)

1ª edição Editora Unesp: 2023

EQUIPE DE REALIZAÇÃO

Edição de texto
Richard Sanches (Copidesque)
Carmen T. S. Costa (Revisão)

Editoração eletrônica
Sergio Gzeschnik

Capa
Marcelo Girard

Imagem de capa
Jean Gautherin, *Perseu e a Górgona*, 1882 (detalhe).

Assistência editorial
Alberto Bononi
Gabriel Joppert

Rua Xavier Curado, 388 • Ipiranga - SP • 04210 100
Tel.: (11) 2063 7000 • Fax: (11) 2061 8709
rettec@rettec.com.br • www.rettec.com.br